介護職スキルアップブック

手早く書けてしっかり伝わる！

介護記録の
書き方 &
場面別文例集

そのまま使える！
75 場面別
253 文例

生活と福祉マインド研究室　主宰
梅沢佳裕 著

秀和システム

はじめに

　介護は人々の「生きる」「生活する」という原点としての営みを支える、とても大切な取り組みです。本書をお手に取ってくださった皆さまは、よりよい介護とは何か、介護記録の書き方とは何か、という探究心のなかでお目通しいただいたのではないかと思います。

　介護記録を書くということは、簡単なようで意外と時間を要す大変な業務の一つではないでしょうか。限られた業務時間のなかで、適切な文章を残すというのは、精通した専門性と文章を書くためのコツが求められます。

　介護業務に携わる専門職にはさまざまなルートや資格がありますが、おそらくどのルートを辿ってきた方であっても介護記録について体系的な学びの機会は与えられてこなかったのではないかと思います。筆者は以前、介護福祉士養成校の教員をしていましたが、国家資格である介護福祉士ですら科目として介護記録の適切な書き方について学ぶ機会は十分にあるとは言えませんでした。皆さまも介護現場に携わるようになって、初めて「介護記録の重要性」と「記録を書くことの大変さ」に気づかれたのではないでしょうか。

　このように介護スタッフからも、どちらかというと敬遠されがちな介護記録ですが、介護場面ごとの豊富な文例をもとに利用者のありのままの姿を書いていただきたいと存じます。

　時代は流れて介護の先進性も次々と刷新されていくことと思いますが、利用者と介護スタッフの関わりの様子を積み重ねていく介護記録には揺るがない基本があります。これから先の介護においても、ぜひ末永く本著をご愛用いただき、皆さまのお手元で、業務にお役立てくださいますことを願っています。また、本書をテキストとした介護記録セミナーなども時折開催しています。もし機会がございましたらご参加くださいますと、より効果的な学びに繋がってくるのではないかと存じます。

　　　　　　　　　　　　　　　　　　　　　　　　　　　　　梅沢 佳裕

目　次

第2章 短時間でしっかり書ける 介護記録の書き方ポイント

第3章 そのまま使える場面別文例集

第**4**章 これだけは知っておきたい 介護記録の不適切語・要注意語

第**5**章 ヒヤリハット＆事故報告書の書き方

第 **1** 章

知っておきたい
介護記録の基礎知識

1-1 介護記録はなぜ書くの？①
情報を記録として残す理由

毎日書き続けている介護記録ですが、なぜ書いているか考えたことがあるでしょうか。ここでは記録の目的を皆さんと一緒に考えてみたいと思います。

介護をどのようにして残すのか？

　日々行っている「介護」という取り組みは、その瞬間は目の前の出来事としてみることもできます。しかし、それは一瞬で消えてなくなってしまい、二度と同じ光景を確認することはできません。

　多忙ななかで介護業務をし続けていると、後ろを振り返る余裕もなくなり、ただひたすらに業務をこなすという関わり方を利用者にしてしまいがちです。忙しい最中にそれでも書いている介護記録とは、いったいなぜ残す必要があるのでしょうか。

　実は介護スタッフは、専門職として勤務していますので、自分が行った介護を可視化して、必要に応じて形として示すことができるように準備しておく必要があるのです。それは利用者と関わるなかで起きた出来事や体調・表情・日々の様子の変化など、その瞬間、瞬間でしか観察することができない貴重なやり取りを後から確認したり、他者に示すことができる状態にしておくためです。

　それならば、覚えているから大丈夫と考えた方もいるでしょう。しかし、あなたが覚えている記憶とは、利用者の主要な情報でしょうか？　記憶とはその人の印象に強く残った事柄が定着するものです。そうするとあなたが見たこと、聞いたこと、など五感を使って集めた情報がすべて記憶に残るとは限りません。介護記録とは、忘れないうちに文字に残す、つまり書き残すことが大切なのです。

介護方針はどのようにして決めるのか

　介護現場は、利用者ごとにケアプランに沿って介護方針をブラッシュアップしながら業務を行っています。介護記録とは先にも述べたように、関わった瞬間（現在）の様子を形にする取り組みです。それはいずれ記録物として集積（過去）されていきますが、記録を活かしたケアカンファレンスで介護方針を検討（未来）することで、一貫性のあるケアを生み出そうとしているのです。

　日々の利用者との関わりのなかで気づいたことは、非常に重要な情報となります。それらを書き溜め続け、後から比較検討してみると、利用者との関わり方についての新発見があるかもしれません。

▼人の「生活」を記録に書く

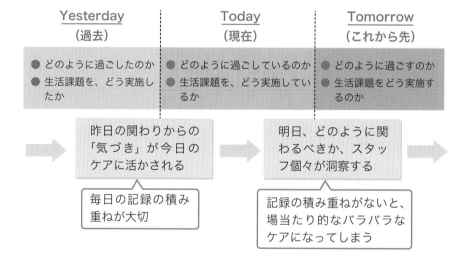

Yesterday (過去)	Today (現在)	Tomorrow (これから先)
● どのように過ごしたのか ● 生活課題を、どう実施したか	● どのように過ごしているのか ● 生活課題を、どう実施しているか	● どのように過ごすのか ● 生活課題をどう実施するのか
昨日の関わりからの「気づき」が今日のケアに活かされる	明日、どのように関わるべきか、スタッフ個々が洞察する	
毎日の記録の積み重ねが大切	記録の積み重ねがないと、場当たり的なバラバラなケアになってしまう	

ここがポイント

☑ 介護記録は、忘れないうちに文章で書き残すことが大切。

☑ 介護記録は書いた記録（現在）を、読み返し（過去）、その先のケア（未来）を考えるためのツール。

1-2 介護サービスを積み重ねるための記録

関わったその瞬間は小さな変化に気づかなかったとしても、それを介護記録に書き溜めていくことで、後から介護記録を通して大きな変化に気づくことがあります。

介護記録は利用者との関わりの積み重ね

利用者に介護を行うためには、何かしらのエビデンスが必要です。介護とは、ただその場の対処として行っているわけではなく、利用者個々の生活習慣を日々自己実現できるよう、介護スタッフが意図的に関わっているのです。

昨日と今日とでは気づかないような小さな変化かもしれませんが、1か月前と今日とでは目に留まる大きな変化があるかもしれません。利用者のその変化を読み取るために、介護記録は毎日、関わった都度、書き溜め、積み重ねていくものなのです。

なぜ同じような文章を毎日繰り返し書いているのだろうと思っている人もいるかもしれません。しかし、先ほど述べたように、短期間では同じような内容にとどまっている介護記録でも、それが1か月、半年、1年と積み重なったらどうでしょう？

後から振り返り読み返した時に、「ああ、あの頃はこんなご様子だったなぁ……」「ああ、あの頃はこんなことができていたんだなぁ……」と思い出し、利用者のどこができて、どこができないのかを把握でき、自立（自律）やQOLの向上に役立てることができるのです。

小さな変化も見逃さず、介護記録を用いたフィードバックを行うなかで、皆さんの介護はエビデンスを活かした意図的な介護となっていきます。

専門職にとって必要となる介護記録

　介護というものは、一人ではできません。できないというのは、介護者と被介護者の関係性があって初めて、介護行為ができるからです。つまり専門職にとって後から振り返った際に役立てられる記録とは、介護職などが行った「専門的な関わりの記録」と、「利用者の生活上の変化の記録」の 2 文がセットになっている介護記録です。介護とは専門職と利用者のやり取りの記録とも言われる通り、両者の関係性を記録に残す場合、この 2 文をそれぞれ記録することが非常に重要になってきます。

　よく見かける介護記録に、「○○様をトイレ誘導する」や「○○様がレクに参加した」など介護職が「～した」ことだけ、また利用者が「～した」ことだけを短文で記した介護記録があります。読み手にとっては、「トイレ誘導された利用者はどのような様子だったのだろう？」あるいは「職員はどのようにトイレ誘導をしたのだろう？」と疑問が湧きます。

　せっかく書いた介護記録ですが、これでは読み手に半分しか情報が伝わっていません。読み手である専門職にとって必要な情報とは、専門職がどのような介護を行ったのか、できるだけ端的に明確に書かれた記録です。さらに、利用者はその時どのような様子だったのか、そこも具体的に書きます。特に利用者の情報は積み重ねて書いていくことが重要ですので、継続的に介護記録を書いていきましょう。

ここがポイント

☑ 介護記録を後から読み返すことで、利用者の変化に気づくこともある。

☑ 介護記録は、自立（自律）や QOL の向上に役立てることができる。

☑ 「専門的な関わりの記録」と「利用者の生活上の変化の記録」の両方を書く。

1

知っておきたい介護記録の基礎知識

1-3 振り返りの資料として専門性を高めるための記録

皆さんが「どのように関わったらいいのだろう？」と迷いがある利用者や、大きな状態像の変化が見られる利用者は、介護記録を通して改めて介護方法の振り返りを行います。

これまで行われてきた介護方針や内容について検証する

　介護記録は、振り返りを行うことで、自分が取り組んできた介護が本当に適切だったのか、改めて検証する機会となり、今後の介護方針を検討するための貴重なデータとなります。

　利用者へ介護を行っているなかで、「このご利用者にはどのように介護すればいいのかわからなくなってきた……」や「ああ、このご利用者はなんか苦手だなぁ……」など利用者との関わり方に何らかの問題点を感じるようになった時は、介護記録を通して振り返りを行い、他の介護スタッフがその利用者とどのようなやり取りをしていたのか、確認してみるといいでしょう。

　また、以前はあまりなかったことが気になったり、以前はできていたことが一人ではだんだん困難になってくるなど、利用者に状態像の変化が見られた時は、介護記録をもとにして振り返りを行ってみるとよいでしょう。

　どのような生活行為ができて、どのようなことができなかった、あるいは一部介助を要する状態だったのか、そして介護スタッフはどのような介護を展開してきたのか、などこれまでの介護方針や介護内容について改めて振り返りを行ってみます。

　これまで皆さんが意図的に関わり、共に介護を通じて関わってきた結果として、目の前の利用者像がそこにあるのです。もしこれまで行ってきた介護方針を今後も続けていくとすれば、利用者は今後も同じような状況を突き進むということになりますし、ここで介護方針を転換するとすれば、生活に変

化があるかもしれません。

専門性を高めることができる

　利用者のケアチームには、さまざまな専門職が関わっています。医師や保健師、看護師、理学療法士、作業療法士、言語聴覚士など医療関係者、そして介護支援専門員、生活相談員、介護職員など多数の専門職が利用者を支えています。それぞれが持っている専門性を発揮することで、利用者の生活に対し医療・保健・福祉に及ぶ多面的なサポートを生み出しているのです。もしその専門職の誰かが十分な専門性を発揮できていないとすれば、利用者の生活に穴が開き、その部分に支障が出てくるかもしれません。そのような事態にならないために、専門職は自ら自己研鑽に励む必要があります。介護記録は、専門職として求められるプロとしての専門意識を育てるツールとしても役立っています。

　介護スタッフがこれまで取り組んできた利用者に対する介護が本当に適切だったのか、また何か課題となっている点がなかったのかなど、専門職として取り組んできた介護過程について振り返りを行い、効果的な関わり方とはどのようなものが考えられるのか、カンファレンスの資料として活用することもできます。ケアカンファレンスに出席する際には、利用者の今後の介護方針や介護内容を検討し、その評価をケアプランに反映させていくことが重要となります。このように介護記録を用いた意図的な介護を展開することが、より効果的な介護を生み出し、ますます質の高い介護を提供することに繋がっていきます。

ここがポイント

☑ 介護記録は、今後の介護方針を検討するための貴重なデータとなる。

☑ プロとしての専門意識を育てるツールとしても役立つ。

1-4 情報を残しスタッフ同士で共有するための記録

介護スタッフは、介護記録を活用し、常に最新の利用者情報をスタッフ同士で共有しつつ、意図的な介護サービスを展開することが求められています。

一人ひとりの利用者について同じ情報を共有する

チームケアといわれる介護ですが、思い起こしてみると、実はその介助という関わりの一つひとつは、介護スタッフと利用者が1対1で行うことがほとんどです。もちろん排泄介助や入浴介助などの場合に数名のスタッフで関わることもありますが、一般的には介護とは介護者・被介護者が対になって展開する行為です。

ということは、皆さんが関わった利用者とのエピソードには、あなた自身しか知り得ない情報が多分にあるはずですし、逆に他の介護スタッフが関わった利用者の情報には、あなたが知り得ない内容もあるはずです。しかし意図的な介護過程を展開している専門職という立場上、「知らなかった」では済まされません。

介護記録は、介護スタッフが関わったなかでどのような介護を行ったのか、またその時利用者はどのような様子だったのかを集積している情報源です。この記録物をもとにして、その日は非番で休みだったというスタッフも、次に出勤した際に記録物に目を通し、同じ情報を同じレベルで共有することが非常に大切です。介護スタッフは、介護記録を通して、それをバトンリレーのように繋げていきます。介護とは、皆さんが同じ情報を共有して、チームで関わる取り組みなのです。

継続性が生まれ、一貫性のあるサービス提供へ

　介護は、利用者の生活を支えるための重要な関わりです。それが途中でプツンと途切れてしまうことはあってはなりません。途切れてしまうということは、そこから先の生活が立ち行かなくなってしまう可能性があるからです。そのような意味からも、介護は恒常的・継続的に提供される必要があります。

　介護を毎日同じように続けるということは、口で言うほど簡単なことではないでしょう。毎日継続的に支援するためには、スタッフの介護方針がバラバラであっては務まりません。スタッフが同じ介護方針のもとで統一的な関わり方をしてこそ、利用者は安心できる生活を取り戻すことができるはずです。

　このように意図的な介護を展開するためには、先にも述べたように、スタッフ全員が介護記録を通して同じ利用者情報を共有していき、常に最新の利用者像を捉えていることが先決です。

　利用者情報の共有には、口頭での申し送りと文書での申し送りがあります。口頭の場合は、目の前のスタッフには即時に伝わりますが、いない人には伝わりません。文書の場合には形として残り、その場に居合わせなかった人にも伝わりますが、読まれなければ伝わりません。このように、どちらも一長一短があるため、併用しつつ、確実な申し送りを行っていきましょう。

ここがポイント

☑ 介護とは、介護記録を通じて同じ情報を共有し、チームで関わる取り組み。

☑ 利用者情報の共有には口頭での申し送りと文書での申し送りがある。

1　知っておきたい介護記録の基礎知識

1-5 介護サービスを形にして残すための記録

介護そのものは、後から形として残らないものですが、それを介護記録として形にすることで、それまで行っていたケアの適正さの証明となります。

法令に沿った介護を行っているという適正の証明として

介護記録とは、介護に携わる専門職の業務記録の一つです。専門職が担う業務には必ず責任が伴います。これは介護に限らず、例えば看護師やケアマネジャーでも同様の責任を負って業務を行っています。責任が伴うということは、ある介護場面をめぐってクレームが発生した場合に、きちんと説明しご納得いただくということも想定されます。

もし、皆さんがその介護職の立場であったなら、どのようにしてその場面を説明しますか？

介護記録は、介護保険法に記録と保管の義務付けがなされており，行政によって指導監査の対象となっている重要な書類と位置付けられています。もし皆さんが対応した介護場面に疑義が生じた場合、その時点での介護記録を確認されますし、そこに何も書かれていないとなると、どのような状況であったのかを正しく証明することができなくなる可能性が出てきてしまいます。

介護現場は、都道府県や市町村などの指定事業者としてある一定のルールに基づき管理監督を受けながら介護事業を行っています。専門職である皆さんが行った介護には責任というものも付いて回ることになってきますので、それを証明する手段として介護記録を書いているといっても過言ではありません。むしろ介護記録は皆さんのケアが適正であることを証明してくれるものと前向きに捉え、介護記録を書いていただけるとよいのではないでしょうか。

リスクマネジメントのための重要な情報

リスクマネジメントは、いまや介護現場に欠かすことのできない取り組みの一つとなっています。要介護者の援助を行う介護職にとって、日常のあらゆる場面での介助一つひとつが、転倒や転落によるケガ、その他の様々なリスクと向かい合わせの行為ということもできます。そのようなリスクを伴う介護だからこそ、リスクをどうやって回避するかは重要です。

その時行った介護を後から確認できるように形として残すことで、介護事故などのリスクを発生させないための方策を練るのに参照できる情報として、介護記録を活用することが可能となります。

併せてインシデントレポートやアクシデントレポートなどを集積し、介護記録と照らし合わせながら、なぜ転倒事故が発生してしまったのかなど、その場面の前後の対応をフィードバックしてみることで、事故の原因やそれを誘発するような職員配置、関わり方、空白の時間など、さまざまなトリガーに気づくことができます。

重大事故は、感覚的な対応策で防ぐことはできません。一つの介護事故に学ぶなかで、誘発しそうな関わり方を一つひとつ取り除いていくことが、重大な事故の防止に繋がっていきます。介護記録を1回きりではなく、何度も活用し続けて、スタッフ間の意識づけに活かすこともとても重要です。

1

知っておきたい介護記録の基礎知識

 ここがポイント

☑ 専門職である介護職としての責任を証明する手段として介護記録を書いている。

☑ 介護記録を事故防止にも活用し、スタッフ間の意識づけに活かす。

1-6 利用者の生活の軌跡を残すための記録

介護という関係性でしか知り得ない、介護スタッフが捉えた利用者の表情や言動を、その瞬間にどう生きたのかという人生の軌跡として書き残すことも大切です。

利用者の足跡を残す唯一の記録物

利用者と毎日関わっていると、利用者の何気ない笑みの表情や悲しみに浸っている表情などに気づくことができなくなってしまいます。漫然と業務を行っていると、そのようなひと時を切り取って記憶に留めることが難しくなってしまうのかもしれません。日ごろ多忙な業務に追われていると、人は仕事をこなすことに意識が向きすぎてしまい、本当に大切な人と人との「ふれあい」という感覚をやり過ごしてしまうのかもしれません。

高齢になると、若い頃とは異なって体調が日々変化しやすくなり、また感情も前ではなく後ろ向き（これまでの人生の思い出）の回想に変わってくるとも言われます。若い頃よりも背負っている人生の荷物は多いかもしれませんし、そのなかで自分という唯一無二の人生を歩いているのが高齢者ということになります。

よく「人生の集大成」という言葉を耳にしますが、皆さんが関わっておられる目の前の利用者は、人生を謳歌し、いままさに集大成を迎えている方々です。何気ない関わりのなかで、ふと見せたその表情をぜひ介護記録に書き残しましょう。

利用者の様子を家族に伝えるための大事な情報

　介護記録とは、利用者の生活の様子を記した人生日記のようなものでもあります。利用者が介護スタッフにしか見せない表情や言動もあるかもしれません。またある意味では、介護スタッフは利用者と二人三脚で老後生活を共にしてきた共感者という見方もできます。ご家族はそのような利用者の様子を知りたいはずですし、後から状況に応じて情報提供することも必要となってきます。

　特養やデイサービスなどのサービス提供場所とご家族の生活場所が離れている場合には特に、家族と会うことができなかった時間、利用者はどのような様子だったのか、介護スタッフとのやり取りなどを介護記録に書き留めておくと、後から利用者が生きた証となり、足跡となります。その軌跡は時にご家族にとって、かけがえのない物語となることもあるかもしれません。

　入所施設では、ターミナルケア・尊厳死を受け入れているところも多いでしょう。残されたご遺族にとって、介護記録の一場面などを回想することで、グリーフケアに活かすこともできます。

ここがポイント

☑ 介護記録を書くということは、そこに「情報」を残すこと。

☑ 遺族が記録を通して利用者を回想することで、グリーフケアに活かす。

1-7 文章の基本は 5W1H の組み立て

忙しいなかで介護記録を書くのは大変な業務です。文章の基本スタイルを参考にすることも、正しい介護記録を書くためのコツとなります。

正しい記録を書くうえでとても大切な基本事項

皆さんがよく目にする文章には、伝わりやすいものとそうではないものがあると思います。伝わる文章は、もちろん言い回しが上手でもありますが、必要な情報が書かれていることも大事です。特に介護記録にとっては、書かれている文の一つひとつが情報源であり、どれも欠けてはいけない内容だからです。そこでよく言われるのが 5W1H というものです。

When	いつ
Where	どこで
Who	誰が
What	何を
Why	なぜ
How	どのように

この 5W1H とは、皆さんが介護記録を書く際に、常に意識していただきたい基本事項です。例えばある利用者の介護記録に「入浴介助を実施する」とだけ書かれてあった場合、読み手は、これはいったい「誰が」「誰の」介助を行ったのだろうと思うでしょう。また、「○○様がうたた寝をしている」とだけ書かれてあれば、いったい「どこ」で寝ていたんだろうと考え込んでしまうはずです。

必要な内容が盛り込まれているか確認するための指標

　先にも述べてきたように介護記録とは情報の集積です。そこに書かれていることは、すべて介護スタッフにとって必要な情報となるのです。もしそこに書かれてある文章がどこか曖昧な内容であったとしたら、読み手は、そこから的確な情報を確認することができなくなってしまいます。

　前述の「入浴介助を実施する」に足りないのは Who（＝誰が、誰の）です。「誰が」入浴介助をしたのかというと、それは介護スタッフです。「誰の」には利用者のお名前を書きます。

　介護スタッフが○○様の入浴介助を実施する。

　また「○○様がうたた寝をしている」に足りないのは、Where（＝どこで）です。うたた寝している場所に応じてその後の声かけなど対応が異なるかもしれませんので、これも次のようになります。

　○○様が廊下のソファでウトウトとうたた寝をしている。

　さらに、もっとさまざまな内容を盛り込んでいくと、より具体的な文章になってくることは言うまでもありません。

　このように、介護記録を書く場合には 5W1H を念頭に置くことで、基本事項を書き忘れることがなくなります。

ここがポイント

- ☑ 5W1H は正しい介護記録を書くための基本項目
- ☑ 5W1H をもとにして、必要な内容が盛り込まれているかを確認する。

1-8 介護記録の分類

皆さんが日頃の業務で書いている介護記録にはさまざまな様式があり、目的に応じて書き方や活用の場が異なってきます。

介護記録には種類がある

介護記録を分類すると大きく二つに分けることができます。

一つは、利用者のエビデンスのある支援へと繋げるための情報（データ）を集積するための記録様式で、バイタルチェック表や排泄チェック表などがそれにあたります。

もう一つは、介護スタッフが行った介護内容とその時の利用者の様子などを書き溜めるための記録様式で、ケース記録（経過記録ともいう）やケアプランがそれにあたります。

前者の記録様式では、システム型介護記録という方法で表記され、サービス提供を実施した確認としてのチェック印（レ）や数値などを記入することで、速やかに情報集積することができるというメリットがあります。一方で、後者の記録様式は文章を用いて情報集積を行う必要があるため、文章を書くことが苦手な人は苦戦を強いられてしまうのでしょう。

後者の記録の書き方には、ルーティン型介護記録、ダイアリー型介護記録、エピソード型介護記録の三つがあります。ルーティン型は、利用者の日々のバイタル値や排尿排泄の状況など科学的データをケース記録に落とし込むときの書き方です。ダイアリー型は、簡素化しつつも重要となる利用者の様子を記すときの書き方です。エピソード型は、会話文を用いて、その場の状況をイメージしやすく表現できる書き方です。この記録方法は、認知症ケアの記録でも用いられていることが多いようです。

▼システム型介護記録

サービス提供実施記録の事例
機能訓練 □集団訓練 ： □座位　□立位　□併用 □個別訓練 ： □歩行　□上肢（　　　　　　　）　□下肢（　　　　　　　）　□関節可動域 　　　　　　　□ADL（　　　　　　　）　□言語　　□口腔機能
レクリエーション ： □集団レク　□個別レク
健康状態 血圧 ： AM⇒（　　　　　　）再計（　　　　　　）　PM⇒（　　　　　　）再計（　　　　　　） 体温 ： （　　　　　　）℃　再計（　　　　　　）℃ 脈拍　　　回
食事 ： 【主食】□全量　　□半量　　□不摂取 　　　　【副食】□全量　　□半量　　□不摂取
入浴 　　　□個浴　　□一般浴　　□リフト浴　　□機械浴
排泄　排泄の訴え　□あり　　□なし 排尿 ： （　　　）回　排便 ： （　　　）回　□少量　　□多量　　□軟便

▼ルーティン型介護記録

介護老人福祉施設のケース記録事例	
○月○日	BT=37.6℃　そのまま様子観察行う。 14 時　BT=36.9℃　状態変わりなくそのまま様子観察。
○月○日	主食 1/2、汁 1/2、副食 1/3 摂取する <定期処置>患部に軟膏塗布する
○月○日	夜間排尿の観察し清尿を確認する。 <定期処置>軟膏塗布　右臀部発赤一部カサブタ見られる
○月○日	医務にて浣腸実施し、排便を確認する
○月○日	午前<体温>37.0℃、午後<体温>37.5℃ そのまま様子観察行う
○月○日	日中嘔気、嘔吐（－）、9 時＝水溶便（＋） 11 時点滴を外し着衣交換する。午後　BT=36.8℃
○月○日	指示薬を服用する
○月○日	BT=37.6℃　そのまま様子観察行う。14 時　BT=36.9℃ 今日はいつもより多便傾向。日中、下痢便などは見られない。

▼ダイアリー型介護記録

通所介護のケース記録事例	
○月○日	送迎にお伺いすると、まだ起床されたばかりでした。 今日は午前に入浴し、午後からレクを行い風船バレーを楽しまれました。
○月○日	今日は、午前はボランティアの会の方が来所され、一緒に歌を歌いました。 午後は居室で過ごされました。体調は変わりありません。
○月○日	今日は、午前は入浴し、昼食は全量召し上がりました。 午後は同じ席のSさんと会話を楽しまれました。
○月○日	朝、娘から電話連絡があり、体調不良のため利用を休まれました。

▼エピソード型介護記録

グループホームのケース記録事例		
○月○日	△：00	太郎さんは「いやぁ、久しぶりに風呂に入ったよ。いい湯っこだなぁ」と話しながら、ニコニコ微笑んでいた。その後、鼻歌を歌いはじめた。スタッフが「太郎さん、上手ですね」と声かけすると、照れたように頭を掻いていた。
○月○日	△：30	玄関前を行ったり来たりし始める。「どうしても、今から自宅に帰らなければならなくなった」と話し、スリッパのまま外に出て行った。スタッフが後ろから見守りをしながら、「○○通り」を抜けて1時間ほど歩いて行った。○○駅前で、方向がわからなくなり、立ち往生したため、声をおかけし、ホームへ連絡を入れる。スタッフの迎えにより、車で帰所した。○○さんはスタッフの「お帰り」の声かけに「ただいま」と笑顔で答えていた。
○月○日	△：00	○○さんが「ワァー」と大きな声で泣き出した。スタッフが「○○さんどうしたの」と声かけすると、「この人がジッと私を睨んでいる」と、隣に座っている△△さんを指差した。スタッフが「△△さんが○○さんにお話があったみたいよ」と話し、お茶を手渡した。

ここがポイント

☑ 介護記録には2種類の様式があり、どちらも介護スタッフにとって重要な様式である。

☑ 介護記録には4種類の書き方があり、TPOに応じてうまく書き分けるとよい。

1-9 簡潔な文章表現を心がける

介護記録を書く際には、文章は短めにまとめたほうが、相手に誤解を与えず、わかりやすくなります。端的に書くことを意識していきましょう。

伝える文章から、伝わる文章へ

ひと口に「介護記録を書く」と言いますが、介護記録は単に書けばよいわけではありません。情報が読み手であるケアチームのメンバーに伝わるように意識して書きましょう。

介護記録は、書いた後で一度読み直しをすることをお勧めします。筆者自身も自分が書いた文章を読み直しするように心がけています。というのも、職業柄、文章を書くことが多いのですが、深夜まで詰めて書き上げた文章を改めて翌朝読み返してみると、昨晩は完璧と思われた文面のさまざまな所に違和感を覚え、改めて修正し直すことがあるからです。おそらく書いている時は書き手として文章を見ており、翌朝は読み手として文章を見ているからでしょう。

皆さんも他のスタッフが書いた文章には、さまざまな箇所で「もっと詳しく書いてくれたらわかりやすいのに……」などと思うことがないでしょうか？　ぜひ皆さんも読み手として自分の文章を見返してみてください。伝わる文章とは何か、気づくことがあると思います。

介護記録は短くまとめたほうがいい

介護記録をダラダラと長文で書くのは、場合によって読み手に誤った理解をされる危険性があります。もちろん端的に文章を書くことができる方はその限りではありませんが、無理に長文で書くよりも、文は短めに区切って、

1文で一つのエピソードとしておいたほうがよいでしょう。例えば、次の文章は、ダラダラしている1文から成る記録です。

●ダラダラと1文で書いている例

> 　介護とはただ単に部分的な障害を介助するだけではなく、人間の可能性を発見し、主体的に生活を送ることができるように援助する画期的な生活支援の手段であるので、福祉の仕事を志望している私は、これこそ自分の天職だと確信し、早速専門学校の入学願書を取り寄せてみました。

すべての内容が連なって一つの文になっていると、読み手は息継ぎする間もなくなり、内容を咀嚼するのが大変になります。では、次の文章はどうでしょう。

●スッキリした文章に改善した例

> 　介護とはただ単に部分的な障害を介助するだけではありません。人間の可能性を発見し、主体的に生活を送ることができるように援助する画期的な生活支援の手段です。
> 　福祉の仕事を志望している私は、これこそ自分の天職だと確信しました。そこで、早速専門学校の入学願書を取り寄せてみました。

意味は同じことが書かれていますが、それを4文に分けて、端的に書いてみたことで、スッキリとした文章になり、読み手も1文ごとに咀嚼して読みやすくなっていると思います。介護記録は、相手に伝わる文章を情報として残す必要があるため、このように短めに整理して書くことをお勧めします。

ここがポイント

- ☑ 介護記録は、文体よりも書き込むワード（情報）が大切。
- ☑ 介護記録は、短めの文章に整理して書くほうがよい。

1-10 利用者を主体者とする文章が大切

介護保険制度とは「利用者本位」が基本とされています。介護者・被介護者の関係性であっても、利用者を主体とする文を書くことはとても大切です。

利用者本人を主体とするための「○○様が～をする」(能動態) の文章を

契約に基づいた対等な関係でのサービス提供というものが介護保険制度の考え方となっています。介護は介護者・被介護者という関係性ではあるものの、双方は対等なのです。つまり利用者は受身の存在ではなく、ご自身が主体となって生活を送っているということであり、介護スタッフは側面的にサポートする専門職であるということになります。

介護現場で多忙な業務をこなし続けているうちに、意識が介護スタッフ中心となり、連続する業務に利用者を当て込むようになってしまうことがあるかもしれません。介護記録は、日々連続する介護業務のまとめとして、その業務の終了時に思い出しながら書いていきます。その際に、利用者を主体とした文章を書くことで、本来、自身に内在する「利用者本位」の介護であることを常に意識づけていくことが大切です。

介護記録には、利用者の様子と介護スタッフが行った介護内容の2文をセットで書くことが必要です。そのなかの1文、つまり利用者の様子については、主語は利用者とし、能動態で書くことで、本人を主体とする文章を書くことができます。

無意識のうちに、介護スタッフである自分を主体とした文章だけを書いてしまう介護記録をこれまで何度も見てきました。利用者を主体とする介護記録ということは、単に記録を書くということにとどまらず、皆さんの意識を少しずつ変化させるためのものでもあるのです。介護記録は、利用者を主体とした能動態で書くということを意識しながら書くようにしましょう。

主体がハッキリして理解しやすくなる

　介護記録を利用者を主体とした能動態で書くことで、利用者がその日どのようなことを行ったのか、本人がしたことがハッキリして文章が理解しやすくなります。

●×改善前の文例

> 昼食後、花子さんにしばらくホールで休憩してもらった。

●○改善後の文例

> 花子さんは、昼食をとった後、しばらくホールで休憩していた。

　改善前の文例は、一見すると花子さんが主語になっているようにも見えるかもしれませんが、実は花子さんが主語ではありません。主語に当たる部分は介護スタッフなのですが、それが隠れていたわけです。

●×改善前の文例の隠れた主語

> 昼食後、（介護スタッフが）花子さんにしばらくホールで休憩してもらった。

　上記のように、無意識に介護スタッフを主体とする文章を書き続けていると、利用者本位のサービス提供であったはずが、いつのまにかスタッフ本位となってしまい、利用者は受身の存在になってしまいますので注意が必要です。

ここがポイント

- ☑ 利用者自身が生活の主体者（主人公）として行ったことを書く
- ☑ ○○様が〜した、○○様が〜していた、と書くと主体がハッキリして読みやすい。

1-11 介護記録の情報開示の取り扱い方

近年、求められることが増えた記録物の情報開示ですが、正しい知識で対処するために、介護記録も常に情報開示に備えておく必要があります。

利用者や家族の目に触れる可能性のある介護記録

2003年に成立した個人情報の保護に関する法律（個人情報保護法）は2022年にも改正され、本人の情報保護に関して規定が強化されました。介護事業者においては、個人情報の取り扱いについて一層の注意が必要となります。一方、介護サービス情報の公表が義務付けられ、介護記録などの記録物も、本人の同意を得たうえで開示を求める動きが加速しています。

介護スタッフはこのような状況を想定した介護展開を行っていくことが必要となっています。介護記録の情報開示は、利用者とその家族、また関係者からも請求を受けることがあります。介護施設としては、情報開示請求があった場合、相手を確認し本人の同意を得たうえで、プライバシーに関わる箇所をブラインド処理して、開示に対応します。

介護記録を開示する手続きは、各事業所によるところですが、情報開示の担当者を置き、開示請求者や開示対応者、開示対象者（利用者）、開示年月日など必要事項を記録として管理することも重要です。情報開示は介護施設がシステマティックに対応する仕組みです。

情報開示を過剰に意識した文章に注意が必要

介護記録は利用者や家族、関係者などから情報開示の請求を受けることがあります。介護記録の文章は、利用者本人も目を通すかもしれないということです。介護スタッフがそのことをプレッシャーに感じ、あたかも利用者宛

の手紙文のような書き方になってしまうことが懸念されます。

　介護記録を書く際には、利用者を主体としつつも、あまり過剰な敬語（尊敬語）などの使用は控えて、端的な（シンプル）な表現で書くほうがよいでしょう。先にも述べたように、もともと介護記録は専門職がどのような介護を展開したのかを証明するための業務記録の意味合いがあります。専門職の職責を書き留めておく記録物は、この介護記録しかありません。

　情報開示にあたっては、利用者や家族から誤解を受けないよう、介護記録が専門職にとっての業務記録であるという目的を十分に説明したうえで開示に対処することも必要かと思います。この説明により、端的な書き方になっている点について一定の理解を得ることができるのではないかと思います。

▼利用者・家族に事実を開示する

| ①個人情報保護法
（平成 15 年 5 月施行） | ②情報開示を想定した記録のあり方が問われることになった |

■目を通す可能性がある人
・本人　・家族　・他事業所の関係職　・行政マン

■手紙のような過剰な敬語の使用が目立つ

介護のやり取りの事実をありのままに書くのが介護記録

ここがポイント

☑ 介護記録は、情報を保護すると同時に情報開示の仕組みに対応しなければならない。

☑ 利用者・家族への開示を過剰に意識しすぎて手紙文章のようにならないよう注意する。

1-12 間違えた記録の訂正方法

介護記録の書き間違いは、適切な方法で修正しないと、介護事業者の都合で隠蔽しているのではないかなど、改ざんを疑われることもあるため注意が必要です。

介護記録の訂正は適切に

介護記録とは、SNSのつぶやきや日記とは異なり、公的文書と言われる重要書類です。ITの進化が加速する現代社会においては、さまざまな情報がデータとして管理・共有され、我々の生活に便利に活用されています。一方で、これらの情報は適切に取り扱わなければ、本来の目的以外のところで悪用されたり、改ざんされたりする危険性があります。そのようなことを引き起こさないためにも、介護記録は正しく保管し、訂正などの対処も適切に行うことが大切です。

なぜ、訂正は適切に取り扱う必要があるのでしょうか。それは、介護現場で提供される専門職によるサービス提供は、その一つひとつがプロとして求められる専門性をともなう行為だからです。その行為が介護記録に集積されていますから、先述のとおり専門職の職責を証明する資料として取り扱われています。その重要な介護記録ですので、簡単に消しゴムで消して書き換えられるといったことは、あってはならないことなのです。

介護記録の訂正方法

まず介護記録の書き方ですが、手書きの場合にはシャープペンなどではなく、ボールペンなど消えにくいインク式の筆記用具を用いて書いてください。熱に反応して消えてしまうボールペンも要注意です。専門職に応じて色分け

し工夫した書き方の介護現場もあるため、色の指定は特にありません。

　次に訂正方法ですが、下図のように訂正したい箇所に二重線を引き、訂正印を捺印してから、その余白に訂正後の文章を加筆し、カッコ内に訂正年月日を記します。

　近年はパソコンソフトなどを使用して記録データを集積しているところも増えてきました。ここで注意したいのは、データが訂正と同時に上書き保存されてしまうソフトです。これも改ざんを疑われたら免れないため、ご注意ください。もし訂正箇所が出てきた際には、いったんその部分を印刷するなどして、手書きと同様の方法によって訂正するとよいでしょう。

▼訂正の仕方

> 介護記録は、改ざんを避けるため、ボールペンで書きます。
> 訂正は、修正液ではなく、二重線で消して訂正印を押します。

年月日	記録内容	印
○月○日	午後3時（R○年○月 × 日 訂正） 太郎さんが、~~午後2時~~ からレクに参加し、 他の入所者と書道を楽しんでいた。	㊞ 梅 沢

ここがポイント

☑ 記録の訂正を行う際には、情報の改ざんを疑われないようにする。

☑ 記録の電子化により、上書き保存されてしまうのは非常に危険。

1-13 敬語の使用の留意事項

介護記録は手紙とは違うので、すべての記録物に敬語を使用するのは NG です。目的に沿って書き方が異なることを忘れないようにしましょう。

つい利用者を思い浮かべて、敬語をてんこ盛りにしてしまう介護記録

先にも述べたように、介護記録は情報開示によって利用者や家族の目にも触れる可能性がある記録物です。しかし、過剰な敬語の使用は控えたほうがよいとされています。なぜなら、介護記録は専門職にとって自らの責任ある介護実践の適正さを証拠立てるための重要な書類であるからです。敬語を使用してはいけないという法的な規制や決まりは特にありませんが、過剰な敬語を使用することで、そこから利用者向けの文面にすることに意識が向き、場合によっては、利用者にとって都合が悪いことは書かないという自己流な書き方が常態化してしまう危険性もあります。

介護記録には、常にありのままの事実を記録する必要がありますし、それが前提です。逆に、例え事実であっても、書かれなかったことは後から確認できません。どこにもその事実は記されていないということになってしまうのです。介護記録が"業務記録"である以上、各自の都合で記録されるべきものではなく、専門職として適切な書き方で残すべき記録物なのです。

敬語の使用は"控えめ"にを意識して書きましょう

介護記録に使用する敬語について、特に法令などで規制されているわけではありません。基本的には、皆さんが日頃書かれている文章をそのまま書いても結構ですが、先にも述べた通り、過剰な敬語の使用が、介護スタッフの

意識に深刻な影響を及ぼす危険性がある点と、端的で箇条書きなどの伝わりやすい文面のほうが、専門職間での情報共有が行いやすいという点があるため、敬語の使用は控えめにしてほしいということなのです。

　敬語には、尊敬語や謙譲語、丁寧語などがあります。どれも敬語ではありますが、尊敬語は相手に対して最上級の敬意を示す言葉ですので、利用者に対して使用したいという気持ちもわかります。ただし、この尊敬語が業務記録に書かれているのを目にすると、やはり違和感がありませんか？

　場合によっては、部分的にこれらの言葉を用いた文章になっても仕方ないですが、できるだけ控えめにするという意識を忘れずに持っておいてください。介護記録は「〜する」「〜しました」などの「である調」や「ですます調」で率直に書きましょう。

▼尊敬語と謙譲語の例

	尊敬語	謙譲語
行く	いらっしゃる　おいでになる	伺う　参る
する	なさる	いたす
話す	おっしゃる　お話しくださる	申す　申し上げる
見る	御覧になる	拝見する
食べる	召し上がる	いただく
問う	お問い合わせ　お尋ねになる	伺う　お伺いする
もらう	お受けになる	いただく　頂戴する　授かる

 ここがポイント

- ☑ 介護記録は、専門職にとっては重要な業務記録となるため適切な書き方が求められる。
- ☑ 敬語の使用は間違いとは言えないが、記録の目的を鑑み控えめにしたほうがよい。

第 2 章

短時間でしっかり書ける
介護記録の書き方ポイント

「どう書くか」ではなく「何を書くか」

介護記録を書く際には、あまり文法や言い回しなどの修飾を意識するよりも、どのような情報を漏れなく書き込むかのほうが大事です。

介護スタッフと利用者とのやり取りを書く

よく介護スタッフから次のような質問を受けます。

「どうしたら介護記録を上手く書けますか？」

これは、皆さんの率直な気持ちかもしれません。誰だって介護記録をスムーズにサラサラっと書けたらいいなと思うでしょう。

小説を読むときに、そのフレーズに感情移入してしまい、自分もその主役の立場になって読みふけってしまう、そんな時に「この文章は、なんて上手なんだろう」と思うことがあります。ただしこれは小説だからです。よく見てみると、「そこにいるのは誰だ！」「はははは、私の名は○○！」など、先に述べた5W1Hが忠実に盛り込まれているとは言えない文章構成になっていると思います。それでも自分が主役になっていると、その場に居合わせたかのように追体験的に文章を読めてしまうのです。

しかし介護記録は違います。第三者は、客観的にその文章に目を向けるため、さまざまな情報を盛り込んだしっかりとした文章（記録）が必要になってくるのです。つまり上手な文章を書くことが大事なのではなく、介護記録はまず、何を書くかということが大事なのです。読み手にとっては、記録を目にした時に、そこから利用者の情景が浮かび、どのような様子だったか、また介護スタッフはどのような関わり方をしたのか、など必要な情報を得ることができるということが重要です。

一人ひとりに焦点を当てたケア

利用者はこれまで自ら自分の意思で判断し、自分自身の生活を織りなしてきました。それは要介護状態になったとしても変わることはありません。ただし要介護になった先は、介護スタッフと二人三脚で過ごすということが時に必要となります。

利用者がどのような生活を望み、そこでどのようなことを自分で選び、そこから何を決めたのか、その介護スタッフとの二人三脚の生活の中で、一人ひとりとの生きたやり取りを介護記録に書き残すということがとても大切です。

▼どう書くかではなく「何を書くか」

> 介護スタッフが行ったケア内容だけではなく、
> 利用者の生活の様子も書く

利用者は、**何を望み**、**何を選択し**、**どう決めたのか**

一人ひとりに注目する視点が大切！

2

短時間でしっかり書ける介護記録の書き方ポイント

ここがポイント

☑ 上手な文章（文体）を書こうと思わずに、何を書くか（情報）ということが大事。

☑ 介護スタッフとの二人三脚で、一人ひとりとの生きたやり取りを介護記録に書き残す。

2-2 情報を得るために よく観察する

介護記録をスムーズに書くためには、しっかりとした観察から情報を得ておくことがとても大事になってきます。

介護記録は、利用者と関わっている時から始まっている

介護記録をスムーズに書こうと考えた場合、さあ書くぞとデスクに向かったその時に介護記録が始まっているというわけではありません。実は介護記録とは、書くという段階ではなく、利用者の介護に取り組んでいる段階からすでに始まっているのです。

つまりよい介護記録を書きたい、スムーズに素早く介護記録を書きたいと考えるのであれば、利用者と関わっている段階で、いかにどのように関わったかをメモしておき、その記録データをもとにして介護記録を書くということがとても大事です。

介護記録の基になるのは、介護スタッフが行った介護行為と観察から得られた情報です。実際に利用者に介護を提供している時は、おそらくとても忙しく動いているため、すべてを記憶することは困難だと思います。ですので、記憶が新しいうちにメモなどにワードを書き留めておきましょう。そうすれば後に介護記録を書く段階になった時に、「あれ、何があったかな？」と忘れてしまったエピソードについても思い出すきっかけとなり、芋づる式に記憶が戻ってきます。

▼情報を得るために、よく観察する

● 介護記録の基になるのは・・・

⇒ 観察から得られた情報

⇒ 記録を書く時ではなく、利用者と関わっている瞬間が肝心

● 利用者の言動を注視（注意深く観察する）

⇒気づいたことを重要な情報としてキャッチ

介護記録の重要な観察ポイント

　介護記録を書く際に重要な観察ポイントは以下の通りです。

【本人の様子】は、具体的にどのような様子なのかを書きます。そこが具体的でなくなると文章が抽象的になり、読み手に伝わりにくくなってしまうのです。

　そして【本人の様子】だけではなく、【周囲の様子】にも目を向ける必要があります。利用者は、本人のみがポツンと暮らしているわけではなく、生活環境に属するなかで周囲からもさまざまな影響を受けながら、また周囲にも影響を与えながら生きているのです。つまり利用者の記録としては、周囲の様子もとても重要な情報源となります。これらすべてを一度に介護記録に書きましょうということではなく、これらを意識した観察を行い、そこから気づきを得たものを介護記録に記すというイメージです。

2

短時間でしっかり書ける介護記録の書き方ポイント

▼介護記録の観察ポイント

【本人の様子】

● 全体の雰囲気（楽しそうに・・・）

● 表情（笑顔で・・・）

● 目線（うつむき加減で・・・）

● ヘアスタイル（少し乱れた髪で・・・）

● 身振り手振り（腰に手をあてながら・・・）

● からだの動き（右腕を上げて・・・）

● 話し方（はっきりと・・・）

● 服装（茶色のセーターで・・・）

● 姿勢（右に傾いて・・・）

● スキンシップ（背中をなでた、手に触れた）

【周囲の様子】

◆ 部屋や居間、ホールの様子（きちんと整理整頓されている・・・）

◆ 状況（ほかの利用者がたくさんいた・・・）

◆ 他者との関わり（A さんと会話をしていた・・・）

◆ 介護に関する設備（ポータブルトイレに移乗し・・・）

 ここがポイント

☑ 素早く介護記録を書くためには、利用者をしっかり観察することがとても大切。

☑ 介護記録には、利用者が暮らす生活環境の様子も書くことが大切。

2-3 バックグラウンドを意識した視点をもって観察する

利用者とは、これまでご自身の生活を自分で織りなしてきた生活者です。人それぞれの生活背景があることを理解した関わりとその観察・記録が大切です。

利用者を含む社会全体を見る

　利用者は、介護スタッフからすると、サービス提供の対象者であり、皆さんの介護施設などで生活する「利用者」なのですが、本人を主体として捉えてみると、**利用者は生活者であり、社会の一員です**。

　日常の介護業務では、利用者の状態像の把握において「できないところ」探しをしてしまいがちです。それが介護スタッフの関わりのポイントとなると考えられるため、どうしてもそのような視点でアセスメントを行ってしまうことがあります。

　利用者の捉え方が矮小化されてしまう傾向がありますが、先にも述べたように利用者は社会の一員であり、これまでもこれからも生活者であることに変わりはありません。皆さんのそばで暮らす利用者を通して社会全体をみるという視点が、観察視点としてとても大切なのです。

　利用者は生活者としてのさまざまな社会的役割を担っています。たとえば息子や娘が面会に来たとします。その時の利用者の社会的役割とは「親」となります。配偶者の方が訪ねてきたとすれば、その時の利用者は「夫／妻」となります。介護施設の他の利用者との交流についても、気の合う仲間とであれば「友人・知人」となります。利用者を色眼鏡でみるのではなく、我々と変わらぬ一人の生活者としてみることも、介護における観察では大切かと思います。そうすることで、利用者の表情やしぐさの一つひとつから、今までは気づかなかった新しい利用者像が浮かび上がってくるかもしれません。

利用者の社会参加に向けた第一歩

「介護」という言葉がまだ世の中に十分に周知されていなかったころは、世話の行為として理解されていました。しかし介護保険制度が導入され、この20年間で介護に求められる専門性は高まり、多様な要望を受ける業界となりました。

養老院として、困窮している高齢者の収容保護が目的で発足した老人ホーム（現：養護老人ホーム）も、特別養護老人ホームの設置を経て、契約により選ばれる立場の介護施設となりました。利用者も時代とともに世代が入れ替わりつつあり、昭和生まれの方が多くを占め、今後はデバイスを駆使できるIT世代が対象者となってきます。これまでの明治・大正・昭和一桁の方とは、あきらかに異なる次世代の利用者です。

利用者に介護を通じて関わり、それを介護記録に書くというプロセスは、利用者の社会参加に向けた第一歩です。現代社会を生きる多様な意向を有する利用者にとっては、高齢になってもいかに社会と関係するかということがキーになってくるため、食事・入浴・排泄介助という大事な三大介護も重要ですが、さらにその先にある社会に生きる「人」としてのQOLの実現が求められるでしょう。**利用者が今日、誰とどのように関わったのか、社会における関係性をエピソードとして観察し、介護記録にひと言触れていただきたいと思います。**

ここがポイント

- ☑ 利用者は生活者としてのさまざまな社会的役割を担っている。
- ☑ 利用者を色眼鏡でみるのではなく、我々と変わらぬ一人の生活者としてみる。
- ☑ 利用者の社会における関係性をエピソードとして観察して介護記録に書く。

生きた介護記録を書く ためのストレングス視点

利用者の観察を行う時は、あれができない、これができないとマイナス面をみるのではなく、利用者のプラス面をみるようにします。

プラス視点に立った観察を行う

　利用者のアセスメントを行おうとする時、皆さんは利用者のどこをどのようにみるでしょう。例えば食事に関しては、「自分では摂取できないため、一部介助を要する」とみるのか、あるいは「こぼしながらもスプーンであれば自分で摂取できる」のか。この二つの捉え方は、一見するとあまり意味に違いがないように思えますが、大きく異なる点があります。

　それは、前者は利用者のマイナス面をみており、後者はプラス面をみているということです。

　介護記録は、実際に介護を行っている時からすでに始まっていると言えます。何をどのように観察するのかということがとても大切です。利用者を「あれができない」「これが困難」とマイナス面だけに焦点を当てて捉えてしまうと、利用者が現時点で持っている機能や能力を見過ごすこととなり、自立支援に活かすことができなくなってしまうかもしれません。

　介護スタッフの業務は、利用者が一人で行うことに困難さがある生活行為などに対して、介助をするということです。しかし、それは単に「介助をする」ということだけではなく、中・長期的には、そのような関わりを通じて利用者自身の自立（自律）した生活に繋がっていくことが最も重要になります。どのような小さなことでも構いませんが、**本人が持っている機能や能力を活かそうとするプラスの視点での関わりと、その観察眼が大事なのです。**

ストレングス視点とは

　生きた介護記録を書くために、利用者のプラス面をみるという視点は、ストレングス視点といいます。ストレングスには、本来は体力、筋力、気力、精神力などさまざまな意味がありますが、福祉用語としては次のような意味があります。

　　ストレングス＝強み、可能性

　利用者の生活の一場面を観察した際、それをどうみるかによって、介護記録への書き方が変わり、読み手への伝わり方が変わります。それはケアチーム全体の情報として共有されていき、ケアチームの介護方針に影響を与えます。

　利用者のマイナス面をみることも時には必要ですが、そこだけではなくストレングス視点に立って利用者を捉え、介護記録にも「～できること」「～していること」を書くようにしましょう。

ここがポイント

☑ 本人が持っている機能や能力を活かす、プラスの視点での関わりとその観察眼が大事。

☑ ストレングス視点で利用者を捉え、「～できること」「～していること」を書く。

2-5 利用者観察に必要なICF

利用者を観察する際には、ストレングス視点に立ち、ICF（国際生活機能分類）を用いた捉え方がとても大切になってきます。

ICFとはなんだろう？

先にも述べたように、介護記録を書く際にはストレングス視点に立った観察が前提となります。利用者が今どのような状態像なのか、三つの領域で捉えるICFは、我々の観察ポイントの確認に役立てることができます。

ICFとは図の通り、健康状態、生活機能（心身機能、活動、参加）、背景因子（環境因子、個人因子）から成るもので、それらの要素からみた利用者の状態像の観察におおいに参考になります。日々の記録業務のたびに、このICFを確認しながら書くというわけではありませんが、このような視点での観察眼を養っておくことは、介護専門職として大事なことだと思います。

▼利用者を三つの領域で捉えるICFの視点

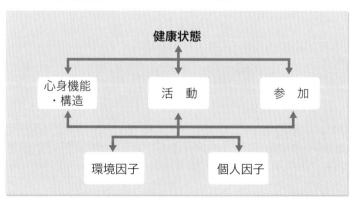

ICFを利用者観察の指標とする

　ICF は、図の通り健康状態のほかに三つの生活機能と二つの背景因子があります。観察に活かすやり方は、次のとおりです。

　例えば、「心身機能・構造」は、一例として手足の拘縮や欠損とあります。つまり利用者の心身機能・構造はどのようなものか、また不具合があればそれをどのように補い工夫して生活しているか、などを利用者の生活の様子として記します。また「活動」についての一例として、食事をする、旅行に行く、趣味を行うとあります。つまり、利用者が「〜している」ということや日常の取り組みの様子を記します。

　背景因子にある「環境因子」には一例として、椅子の高さや制度と書かれています。日常の利用者の様子のみを記すのではなく、椅子の高さは適切かどうかとか、制度の活用状況などにも時には目を向けようということです。

　このように、ICF は日常的な介護記録で見過ごしがちな部分に目を向け新たな気づきを与える、効果的な指標となるはずです。

▼ ICF の生活機能・背景因子

心身機能・構造	手足などの拘縮や欠損
活　動	食事をする、旅行に行く、趣味を行う
参　加	社会との接点、他者との人間関係
個人因子	年齢、性別、出身地、性格・価値観
環境因子	建物や道路、部屋、廊下、椅子の高さ、介護スタッフ、福祉施設・制度

 ここがポイント

☑ 介護専門職にとって、ICF の視点での観察眼を養っておくと記録にも役立つ。

☑ ICF は見過ごしがちな観察視点に新たな気づきを得られるなど効果的な指標となる。

2-6 ケアプランに沿った記録を書く

介護記録とはケアマネジメントの一環として残している利用者のサービス提供の記録であり、ケアプランに沿って実施した介護内容を書くということが必要です。

ケアプランの目標達成を意識した取り組みを介護記録に書く

利用者には一人ひとりのケアプランがあります。それは利用者ごとのニーズに即し解決に向けた目標と支援内容がプランニングされているということです。つまり介護とは、ケアプランに沿って意図的に目標達成に向けて自立（自律）支援を行うという取り組みなのです。

そうすると、**介護記録はケアマネジメント過程（介護過程）のプロセスサイクルの一環としての取り組み**ということになりますので、次ページの図の通りの流れに沿って介護記録を書いていきます。

日々の介護業務では常に個々のケアプランを意識していることは難しいと思いますが、大きな流れの中では、場当たり的な関わり方ではなく、利用者にどのように関わることが自立（自律）支援につながるのか、意識する必要があります。

介護記録はこのプロセスサイクルの実践や実施、つまり実際の介助などの場面において、連続的に書かれる記録様式を指しており、コンプライアンス（法令順守）となっています。

▼介護過程のプロセスサイクル

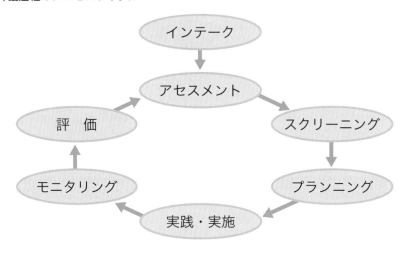

ケアプランの短期目標に沿って介護記録を書く

　ケアプランには、長期目標と短期目標の2つがあります。介護記録にまっさきに残す必要があるのは、短期目標の達成に向けて取り組んだ支援内容です。短期目標の延長上に長期目標がありますので、介護スタッフがまず意識するべきは短期目標なのです。介護記録とはスタッフが行った介護内容、その時の利用者の生活の様子の記録ですので、ケアプランを意識して取り組んだ内容を書くということは、流れの中では自然なことであると言うことができるでしょう。

　利用者のケアプランの短期目標には、どのようなことが書かれているでしょうか。そこに書かれている目標に対して、皆さんはどのような介護を展開したでしょうか？　それを端的に介護記録に書いていくことが大切です。その記録の積み重ねから、ケアプランの評価の記録が情報として活用され、再アセスメントからケアプランの修正・更新へと円環していき、「意図的・効果的な介護」に繋がっていくのです。介護記録は非常に重要な文書であるということが理解できます。

▼ケアプランと介護記録の連携

ケアプラン（Plan）と介護記録（Do 記録）の 連携で充実したケアに

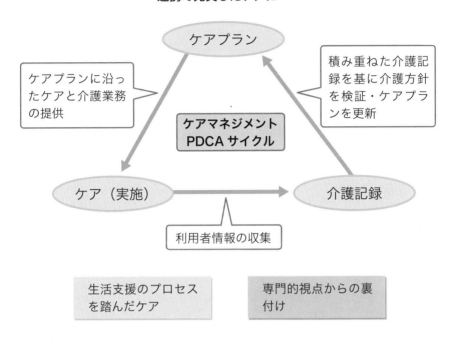

ケアプランに沿ったケアと介護業務の提供

積み重ねた介護記録を基に介護方針を検証・ケアプランを更新

ケアマネジメント PDCA サイクル

利用者情報の収集

生活支援のプロセスを踏んだケア

専門的視点からの裏付け

2

短時間でしっかり書ける介護記録の書き方ポイント

ここがポイント

☑ 介護記録は、ケアマネジメントのプロセスの一環として書かれている。

☑ ケアプランの短期目標に対して、どのような支援を行ったのかを書く。

2-7 特別養護老人ホームの入所者事例

特別養護老人ホーム入所者の介護記録では、利用者ごとのケアプランに沿った個別支援の関わりをありのままに書くことが大切です。

特別養護老人ホーム入所者の事例

昭雄さん　78歳　男性
要介護3　妻と2人暮らし（特養入所）
脳卒中の後遺症による右片麻痺（利き手が右）

　昭雄さんは脳卒中で倒れ8か月入院し、老人保健施設で療養した後、妻の介護が難しいとのことで特別養護老人ホームへ入所することになった。
　施設入所6か月目の昭雄さんは他者との会話もなく、介護スタッフとの会話も用事のある時だけ「ヘルパーさんお願いします」というのみ。レクリエーションにお誘いしても、「ありがとうございます。そのうちに（気が向いたら参加します）……」というだけで、参加しようとはしない。何かもっと身近なものから改善でき、意欲を持っていただけたらと考え、担当スタッフはケアカンファレンスで相談を持ちかけ、健側である左手を使用して、もっと本人の思う通りスムーズに食事が行えるようにリハビリテーションを行おうと考えた。「食事を少しでもご自分でとれるように、左手のリハビリをしたいのですが、いかがですか」と聞くと、昭雄さんは「楽しみなご飯は、自分で食べたいね。いつもこぼしてヘルパーさんに迷惑かけてすみません……」と答えた。

　これは特別養護老人ホームの入居者の事例です。日々の多忙な業務が連続するなかでも、介護スタッフは、それぞれの利用者に沿った意図的な関わり方をしているはずです。それでは、利用者に対してどのような介護記録を書けばよいのか一緒にみていくことにしましょう。

　この利用者の課題の一つとして、食事の自力摂取と介護スタッフとの関わり方がありそうです。寡黙な利用者の性格を鑑みても、日ごろからしっかりしたコミュニケーションと観察から記録に情報を積み重ね、ニーズを捉えておくことも大切になってきます。

日々の記録情報はわずかであったとしても、その積み重ねにより大きくまとまった情報になることもあります。愚直に介護記録を書いていきましょう。

ケアプランの短期目標の一例から

この利用者のケアプランは下記の通りです。

▼昭雄さんのケアプラン

ニーズ	長　期	短　期	内　容
食器を思うように使用できずストレスが溜まってしまう	ゆっくり時間をかけて自分で食事がとれる	①左手で食器を使用し食事ができる	（省略）
他利用者との交流機会が少ないため、会話を楽しめるようになりたい	地域の年中行事に参加することができる	②所内行事に参加し、他者との交流を図る	

　短期目標①では、「左手で食器を使用し食事ができる」としています。そうすると介護スタッフは、食事面ではその目標に沿って、まずご自身での食事摂取を見守り、食事のしづらさに対して介助を行うと思います。その利用者と介護スタッフのやり取りこそが、介護にとってとても重要であり、介護記録に書き残す必要があるわけです。あくまでも一つの文例ですが、下記のような文例がケアプランに沿った介護記録となります。

> 　○○様は、左手でスプーンを使用して食事をしていた。半分ほど食べたところで、疲れてそれ以後は手をつけなかったため、声かけを行ったうえで残りは介護スタッフが介助を行った。

2-8 デイサービスの利用者事例

デイサービス利用者の介護記録では、通所介護計画の短期目標の達成に向けて取り組んだ支援内容を書くことが大切です。

デイサービスの利用者の事例

次郎さん　80歳　男性
妻、長男夫婦孫1人の家族5人暮らし

　町工場を経営し、これまで精力的に仕事を行ってきた。加齢にともない長男に会社を引き継ぎ、勇退後はのんびり過ごしている。最近、テレビを朝から晩まで見ながらソファで横になっていることが増え、日中もウトウトと昼寝をしている。75歳までは町内の役員を頼まれ、「やる者がいないから、仕方がない」と言いながら、結構やりがいに感じていた。今は外出の機会はほとんどなく、室内の歩行も不安定になってきた。数日前、トイレに行こうとソファから立ち上がったところ、ふらつき転倒してしまった。幸いソファに頭が当たり怪我はなかった。そこで、外出の機会と下肢筋力の維持の必要性からデイサービスを週3回利用することになった。

　これはデイサービスの利用者の事例です。デイサービスは、1日のスケジュールがとても過密で、サービス提供時間に介護記録を書くことが困難です。

　利用者は毎日来られる方もいれば、週1回の利用という方もおられます。しかし、週1回の利用の方でも、自宅では毎日生活を営んでいます。デイサービスではできることも、自宅ではできなくなることもあるはずです。

　利用者は、生活環境によって心身機能も変化することがあるため、介護スタッフは本人や家族から、「できること」「できないこと」、また習慣として「していること」「していないこと」を確認しながら、利用者の様子をしっかりと介護記録に集積していくことが求められます。

ケアプランの短期目標の一例から

▼次郎さんのケアプラン

ニーズ	長　期	短　期	内　容
歩行機能が低下している為、現在の状態を維持できるようにしたい	歩行の安定を図り近所の公園まで散歩を習慣化する	①目的を持ち、歩行機会をたくさんつくる	（省略）
安心して入浴でき、湯につかり満足感を得たい	楽しみとして入浴することができる	②転倒なく安全に入浴することができる	
趣味活動を通じて他者と交流を図ることができる	他利用者と交流を図り、張りのある生活を送ることができる	③趣味を楽しめる時間をつくる	

　短期目標①では「目的を持ち歩行の機会をたくさんつくる」としています。このケアプランに沿って、介護スタッフはデイサービス利用時には声かけを積極的に実施し、可能なかぎり利用者の歩行機会をつくるという取り組みを行うと思います。短期目標②、③も同様に、ケアプランに示されたこれらの短期目標を意識したサービス提供が実施されます。

　そこで介護記録ということになりますが、これら意図的に実施された取り組みの状況と利用者の様子を書いていきます。

　例えば短期目標①についての介護記録の一例は次のとおりです。

　介護スタッフが、「○○さん、そろそろお手洗いに行きませんか」と声かけすると、○○様は「そうしよう」と返事をして椅子から静かに立ち上がった。介護スタッフが脇を支えながら歩行介助を行いトイレまでご案内した。今日は、トイレの行き来を３往復ほど歩く機会があった。

2-9 認知症グループホームの利用者事例

認知症ケアでは、認知症ということのみに焦点を当てるのではなく、利用者を一人の"ひと"としてプラスの視点に立って観察することが大切です。

認知症グループホーム利用者の事例

花子さん　82歳　女性　要介護3
脳血管性認知症（認知症高齢者の日常生活自立度Ⅲb）

　花子さんは80歳まで娘と生活を送ってきたが、二度目の脳梗塞で倒れ病院搬送になった。その後老人保健施設を経て3か月前にグループホームに入所になった。
　入所後間もないことから精神状態も安定せず、不穏から行動障害（徘徊）が続いている。花子さんは、女手一つで5人の子供を育て上げ、毎日紡績工場に勤めていた。朝は早くから夜は遅くまで、生活費を捻出するため苦労してきた。

　認知症グループホームでは、エピソード型介護記録の書き方を用いることで、利用者一人ひとりのイキイキとした生活の様子を書き残すことができます。利用者を中心とした日常生活のサポートを行うなかで、**本人が何を選択しどのように暮らしているのか、利用者の生活環境についても触れながら、記録できるとよいのではないでしょうか。**

　この利用者がこれまで5人の子供を育て上げ、工場勤務を続けていたなどの背景も意識しながら、グループホームで他利用者と過ごしている様子を介護記録に書いていきましょう。

ケアプランの短期目標の一例から

▼花子さんのケアプラン

ニーズ	長期	短期	内容
所内にいることが多いので時々外出したい	行事などに参加し、地域との交流ができる	①近所の公園までゆっくり散歩をすることができる	（省略）
朝夕になると一人で外出して帰れないことがあるが、安心して生活したい	やりがいを感じる時間が持てる	②みんなで食事支度を行うことができる	
排泄での清潔を保ちたい	自尊心を保った排泄ができる	③清潔の保たれた生活を送ることができる	

　短期目標①では「近所の公園までゆっくり散歩をすることができる」としています。決して一人で公園まで散歩に出かけるわけではないので、介護スタッフが見守りやサポートをしている内容とその時の利用者の様子を書きます。また下肢筋力などADL（歩行機能）についても時々触れておくとよいでしょう。短期目標②では、食事支度を通じて本人の社会的役割やその様子、他利用者との交流と会話などを書きます。短期目標③では、排泄介助について記録する際に、清潔保持という観点からの文を添えるとよいでしょう。

　介護スタッフが○○様を桜山公園まで散歩にお誘いした。すると○○様は「ああ、行きたいね」と話した。AM10時20分、○○様が公園までゆっくりと自力で歩行した。スタッフが脇を支えて歩行介助を行った。休まずに公園までたどり着き、ベンチで10分ほど休憩した。

　スタッフが「○○さん、だいぶ春めいてきて、この桜の木もこんなにつぼみが膨らんでいますよ」と話すと、上を眺めて「ほんとだね、もうすぐ春なのね」と返事をした。

レクリエーションと介護記録

　介護に携わっていると、"ひと"の様々な可能性に出会うことができます。似たようなタイプの利用者であっても、ひとりとして同じ人はいません。そして予想もつかない言動が飛び出したり、思いもよらない行動をとったりすることがあります。

　特にレクリエーションや余暇活動に参加する利用者は、普段とは異なり、思わぬ身体能力を発揮したり、意欲を見せたりする方もいます。ある夏の暑い日にデイサービスの利用者と流し素麺を行ったところ、それまで食欲不振で食べ残しが多かった利用者が、器用に割り箸を使い、勢いよく流れてくる素麺を「サッ」と取っては、ツルツルッと美味しそうに食べてくれました。スタッフ一同、嬉しい気持ちで業務に当たっていたのを思い出します。

　このような光景は、皆さん一度や二度、たくさん見てこられているのではないでしょうか。介護記録は、客観的に書く必要があるなどとも言われますが、介護スタッフの皆さんがこのような利用者の変化を目の当たりにしたとき、そのうれしさを書き込む場所でもあります。

　あとから読み返した時に、利用者の熱心な表情、何かに打ち込む真剣な眼差し、元気のよい笑い声、それらレクリエーションの光景が浮かんでくるような介護記録を残せるようにしたいですね。

第3章

そのまま使える
場面別文例集

3-1 食事

食事場面の記録は、日ごろの利用者の健康状態や食事の嗜好、生活の質にわたる幅広い情報を記録に残すと後の参考になります。

観察ポイント

✳姿勢
- 椅子からずり落ちそうになっていないか
- 足は床に着いているか
- 椅子とテーブルの高さは適切か

✳食べ方
- 介助が必要か、自分で食べているか

- 咀嚼嚥下できているか
- 食事中の表情はどうか

✳コミュニケーション
- 他の利用者と楽しく食事しているか
- 会話はあるか
- スタッフとの意思疎通は可能か

ここがポイント　食事の記録

●曖昧な表現ではなく具体的に

水分補給を促すも、ストローが吸いにくい様子で時間がかかっていたので、カップに移し替えて提供した。

NGポイント　時間がかかるとはどのくらいの時間なのか、カップに移し替えた後でどのように飲まれたのか、曖昧で読み手に伝わりません。

○○様に水分補給のためポカリをお出しするが、ストローが思うように吸えず10分ほど経過するが、ほとんど飲まれていなかった。スタッフが「別の容器に移し替えますね」と声かけすると、○○様がうなずかれたため、カップに移し替えてご提供する。その後ゆっくり口まで運び150ccほど飲んだ。

OKポイント　時間の目安や飲料の種類・量を書くことで、読み手に具体的に伝わる記録になりました。

●食事量だけではなく何を残したのか、その時の様子とともに書く

○○様に朝食を配膳するが、手を付けようとしなかった。スタッフが介助を行うが、汁は全量摂取するも、主食と副食は半量ほど残した。

NGポイント　食事の記録では、主食や副食の量を記載するだけではなく、具体的な食材やメニューなども書きましょう。利用者が何を残したのか嗜好や当日の体調を知る大事な情報となります。

スタッフが○○様に「朝食ですよ」と声かけしながら配膳するが、表情が暗く手を付けようとしなかった。スタッフが「食欲がないですか」と声かけしながら、介助しながら味噌汁は全量召し上がり、ご飯とハンバーグは「おなか一杯」と話し残した。

OKポイント　なぜ食事を残したのか理由を記したことで、その後の関わり方も見えてきます。

3

そのまま使える場面別文例集

使える文例 ①食前・食事中の様子

●食卓への着席

　○○様は食卓へ着席すると「おはようございます」と挨拶をした。とても調子がよい様子だった。

> **記録のポイント**
> 利用者の言動を書くことで、より伝わる文章になります。

●配膳時の様子

　○○様に配膳すると、「わぁ、おいしそう」と笑顔で話すので、スタッフが「慌てないでゆっくり食べてくださいね」と声かけした。

> **記録のポイント**
> 配膳時の利用者の表情や言動などの観察が大切です。

　○○様は、食事中、ずっとテレビに顔を向け、食事に集中できない様子だった。ニュースを見ながら不安そうな表情をしていた。

> **記録のポイント**
> 食事以外のことに気を取られている場合は、その内容を書くことで、記録が着席場所や対応方針を検討する情報となります。

手前に配膳されたご飯のみに手を伸ばすので、時々配膳をローテーションして満遍なく食べていただいた。

> **記録のポイント**
> 食事中の利用者の気になる点をしっかりと書き残しておきます。

使える文例　②量・食べ方

●食事摂取量

○○様は、<u>主食全量、副食 1/2、汁 3/4</u> を摂取した。

○○様は、<u>主食 10 割、副食 5 割、汁 7 割ほど</u>を摂取した。

記録のポイント

食事摂取量の通常の書き方は、このような数値化した内容で書きます。場合によって副食は主菜、副菜などに分けて書くこともあります。

●食事の食べ方

○○様は、副食のポテトサラダを全量残した。介護スタッフが介助を行おうとすると、<u>顔をしかめて嫌がったため、「もういりませんか？」と伺うと、○○様は「うん」とうなずいた。</u>

記録のポイント

食事量だけではなく、利用者とのやり取りの様子をありのままに書きましょう。

○○様は、<u>今日も昨日と同様に主食を半分しか摂取しなかった。満腹で食べられない</u>とのことだったため、次回から高カロリー補助食も検討することにした。

記録のポイント

食事の食べ方を記すことで、今後の介護方針の検討のための情報となります。

○○様は、昼食のきつねうどんをおいしそうに食べていた。スタッフが「おいしいですか」と声かけすると、<u>「とってもおいしい」とニコニコして返答し</u>、全量摂取した。

記録のポイント

摂取したか否かだけではなく、本人の言動や表情なども書くと伝わる記録になります。

使える文例 ③食後の様子

●食後の様子　物忘れへの対応

　○○様は、主食8割、副食10割、汁10割を摂取して居室へ戻っていった。1時間ほどすると、居間に戻ってくるなり介護スタッフに「晩御飯はまだか？」と聞いてきたので、「その前にお茶でも飲みませんか？」と返答した。

> **記録のポイント**
> 利用者の食後の様子は、スタッフとのやり取りを具体的に書きましょう。

●食後の様子　排泄の介助

　○○様は、食事を全量摂取した。その後すぐに「お腹が痛い、トイレ」と便意を訴えたため、介護スタッフが○○様を手引き歩行でトイレまでお連れした。しばらく便器へ腰掛けるも排泄を確認できず、そのまま居室へ戻った。

> **記録のポイント**
> 食事を済ませることで、排泄などを訴える利用者が多くいらっしゃいます。どのような訴えだったか残すとよいでしょう。

●食後の落ち着いた様子

　○○様は、食後1時間ほど居間のソファに座り、A様と2人でテレビの演歌を視聴していた。その後、眠くなったと言い残し、居室へ戻りベッドで臥床していた。

> **記録のポイント**
> 食後の何気ない他利用者との時間も、利用者の過ごし方の情報となります。

✏️ 使える文例 ④食事中のトラブル

●食事中の嘔吐

○○様が、手で口を押さえて、吐きそうな様子だったため、介護スタッフが急いでガーグルベースを口元に密着させた。ほどなくして摂取した水っぽい液状の食物を嘔吐した。

> **記録のポイント**
> 食事中の嘔吐に対して、介護スタッフの行ったことを明確に書きましょう。

●食事中に吐き気の訴え

○○様が、食事中に「なんだか、気持ちが悪い」と訴えたため、トイレにお連れした。背中をさすりながら「大丈夫ですか？」と声かけすると、固形物を嘔吐し、「苦しかったけど治った」と話した。

> **記録のポイント**
> 介護スタッフと利用者の言動をありのままに書きましょう。

●咀嚼・嚥下の様子

○○様は口に入れた物をなかなか飲み込めず、いつまでも咀嚼し続けている。ごぼうなど繊維質の野菜が飲み込めなかった様子。介護スタッフが見守りを行っていると、複数回、咀嚼してみそ汁と一緒に飲み込んでいた。

> **記録のポイント**
> 利用者の咀嚼・嚥下の状況も、時には介護記録に書き残しましょう。

●食事中のむせ

○○様は、食事中にみそ汁を口に含んだ拍子に、突然むせてしまった。介護スタッフが背中をタッピングすると、数分で回復した。

> **記録のポイント**
> 食事中のむせなどのトラブルも利用者の今後の介護に必要な情報です。

3

そのまま使える場面別文例集

3-2 入浴

入浴場面の記録は、入浴したことだけを記録するのみにとどまらず、全身の皮膚状態や関節の動きなどの状況も観察して記録しましょう。

観察ポイント

※表情や動作
- 入浴中の利用者の表情はどうか
- のぼせや疲れなどはないか
- 関節の動きはよいか
- 衣服の着脱や洗身・洗髪はできるか

※姿勢
- 臀部や足先が浴槽に着いているか
- 浴槽内での姿勢は安定しているか

※入浴の意思確認
- 入浴の拒否の訴えはあるか
- 入浴の心構えはできているか
- お風呂に気持ちよく入っているか
- 不安そうな様子はあるか

※安全確保
- バイタルサインはどうか
- 介助者が傍で見守っているか
- 手すりなどつかむことができるか

ここがポイント　入浴の記録

●バイタルサインや入浴介助の内容を具体的に書く

バイタルチェックを行い、入浴介助。洗身・洗髪を一部介助する。表情はいつもと変わらない。

NGポイント 介護スタッフが行ったことを書くだけではなく、利用者がどのような様子で入浴したのか、何ができて何ができなかったのか、などを書く必要があります。

○○様の入浴前のバイタルサイン：血圧136/78mmHg、脈拍68回/分、体温36.8度と正常値を確認。○○様が洗顔と腹部など手の届く範囲で洗身を行った。残りは介護スタッフが入浴介助する。

OKポイント バイタルサインや入浴介助の内容は、利用者情報としてとても重要ですので、具体的に書くようにしましょう。

●入浴時の利用者と介護スタッフの言動も書く

介護スタッフが声かけしながら、着脱介助を行う。入浴介助を行う。湯に浸かり気持ちよさそうな様子。

NGポイント 着脱は本人がどこまでしているのか不明。入浴中の様子では、本人がしていることや言動が理解しにくい書き方になっています。

介護スタッフが「お風呂ですよ」と声かけしながら脱衣介助を行う。○○様も自分でシャツを脱いだ。湯船に浸かる○○様に「気持ちいいですか」と声かけすると、「うん、気持ちいい」と返答しニコニコした表情をしていた。

OKポイント エピソードを具体的に書きます。介護スタッフと利用者の会話などは、入浴中のイメージが伝わり、とても効果的な書き方となります。

3

そのまま使える場面別文例集

使える文例　①入浴準備

● 入浴するまでの利用者のさまざまな様子を書く

入浴のため○○様を迎えに行く。介護スタッフが「お風呂ですよ」と
声かけすると、○○様が「今日は入らない」と返答する。「お風呂に
入ると気持ちいいですよ」と声かけすると、あまりうかない表情で「そ
うか…」と話し、ベッドから立ち上がった。

> **記録のポイント**
> 入浴準備の声かけの様子を具体的な会話を交えて書きましょう。入浴を拒む
> 利用者は、表情や言動を書くことで、スタッフがどのような声かけをしたの
> か参考にもなります。

入浴前のバイタルチェックで血圧 145/92mmHg と今日も高い値。再計
測するも変わらないため、看護師の指示を仰ぎ入浴中止となった。○
○様は「残念、入りたかった」と話している。

> **記録のポイント**
> 入浴前後のバイタルサイン（血圧・脈拍・体温）が正常値か否かを書きましょ
> う。入浴中止の根拠となります。

○○様の脱衣介助を行う。不安定で立位保持が難しそうなため、椅子
に腰かけるように声かけする。脱衣時に右肘に紫色のあざを確認する。
本人に聞くも「知らない」と話す。

> **記録のポイント**
> 入浴時には皮膚の状態などの、衣服をまとっている時は知り得ない状態を観
> 察できます。

使える文例 ②入浴中の様子

●どのような様子で入浴したのかを書く

○○様がリフト浴（または機械浴）で入浴した。安全ベルトで固定しているが、身体が浮いてバランスが悪く、見守りしながらの入浴となった。お湯に浸かるが不安そうな表情をしていた。

記録のポイント

入浴中の様子を具体的に書きましょう。表情などを表記すると状況が理解しやすくなります。

○○様は、左片麻痺のため、手すりにつかまって患側からゆっくりと足を浴槽に入れていった。介護スタッフは、○○様を支えながら「ゆっくりで大丈夫ですよ」と声かけを行った。

記録のポイント

浴槽の出入りの様子を具体的に書きましょう。利用者が自らできることを観察し、記録に書きましょう。

●入浴中も健康状態を観察して気づいたことを書く

入浴前は「手足がこわばる」と○○様が話していたが、湯で温まったことで、関節の動きがスムーズになり痛みを訴えなかった。

記録のポイント

痛みの訴えや身体の様子など気づいたことは、どのようなことでも記録に書きましょう。

○○様が、浴槽に浸かり、のぼせた表情をして「すこし休ませてちょうだい」と話すので、「早めに上がりましょう」と声かけを行った。

記録のポイント

入浴は、高齢者にとって体調変化が著しい場面です。スタッフが関わったことを記録に書くのはとても大事です。

使える文例 ③入浴後の様子

●入浴後の体調変化を書く

○○様が入浴後に脱衣場でふらついていた。立ち眩みを起こした様子だったため、介護スタッフが急いで車いすで居室まで移動し、ベッドに臥床してもらった。本人も体調が悪いと話す。

記録のポイント
入浴後の体調変化の訴えがあれば、それを書きましょう。

○○様は、入浴後の表情がよくなかったため、介護スタッフが「どうされましたか」と声かけすると、○○様が「お風呂入ったのに、なぜか寒気がする」とうつむいたままだった。

記録のポイント
利用者と介護スタッフの会話などは、伝わる書き方として効果的です。

●入浴後の水分補給などの様子を書く

○○様は、入浴後にほうじ茶を150 ccほど一気に飲んだ。介護スタッフが、ゆっくり飲むように話すが、喉が渇いていた様子。飲み終わるまで見守りをした。

記録のポイント
利用者にとって入浴後の水分補給は大切です。何をどの程度飲んだのか、具体的に書きましょう。

使える文例 ④清拭

●清拭を行った際には、利用者の様子や清拭中の気づきを書く

介護スタッフが清拭を行った。蒸しタオルで全身を拭き上げシャツの着替えをしてもらった。<u>○○様は気持ちよさそうな表情をした。</u>

記録のポイント
清拭した時は、介護スタッフのことばかりではなく、利用者の様子も書きましょう。

○○様は体格がよいため、<u>腹部のしわの間と脇の下を丁寧に拭いた。</u>室温が高く汗ばんでおり、皮膚に発赤が出ているのを確認した。

記録のポイント
どのように清拭を行ったのかを書きましょう。

使える文例 ⑤入浴などの中止

●入浴中止の対応は、理由を明確に書く

○○様は、<u>風邪をひいていたため、</u>本日の入浴は中止となった。<u>本人からも体調がすぐれないとの言動がみられた。</u>

記録のポイント
体調不良による入浴中止は、なぜ中止となったのかの理由と本人の様子をひと言書いておくとよいです。

○○様に入浴をお誘いしに居室へ向かった。「お風呂の時間ですよ」と声かけするが、<u>「どうしても入りたくない、次でいい」と話し、スタッフの手を払いのける。</u>やむを得ず入浴中止となる。

記録のポイント
入浴をどうしても拒否する利用者は、その言動など状況をしっかりと記録しておきましょう。

そのまま使える場面別文例集

今日も○○様は入浴できなかったため、就寝の前にベッドで端座位になり、足浴を行った。タライに温めの湯を張り、両足を10分程度つけた。

記録のポイント

入浴中止の代替として行ったことを書きましょう。シャワー浴や足浴など対応した内容を表記します。

使える文例 **⑥入浴に関するヒヤリハット**

●**入浴はヒヤリとすることが多く、危険がいっぱい**

○○様が浴室で滑ってバランスを崩すも、介助にあたっていた介護スタッフが支えたことで、転倒はしなかった。○○様はびっくりした表情をした。

記録のポイント

入浴は、転倒や転落など危険がいっぱいあります。記録に残し、フィードバックすることで、事故の防止に繋がっていきます。

入浴中に浮力で足と体幹がフワッと浮いてしまい、頭部が沈みそうになった。介護スタッフがすぐに気づき、手で支えて体勢を整えた。

記録のポイント

このようなヒヤリハットは、事故につながる重要インシデントです。お互いに記録をしっかり共有し合うことが重要です。

Column 介護記録は頭でしっかりイメージしてから書き出しましょう！

　介護業務のなかでも記録を書くというプロセスが一番苦手と考えている方は多いのではないでしょうか。私は「介護記録の書き方」のセミナー講師も務めていますが、よくいただく質問に「どうすれば上手く書けるようになりますか」という内容が多いように感じます。そもそも現代社会では、格式ばった文章を書く機会がなくなってきたため、介護職になって初めて公的文書に触れたという人もいらっしゃるのだと思います。私も決して文書が上手というわけではありませんが、介護スタッフが時間をかけて苦慮しながら介護記録を書いている姿を目にするうちに、どうにかして上手く書けるコツを伝えなければならないなぁと考えたことが、セミナー開催の動機の一つなのです。

　さてここで皆さんに一つ質問です。介護記録を書くという作業の始まりは、どこにあると思いますか？　書くのだから、記録様式に書き始めた時では？　そう思った人もいるかもしれません。しかし、そうではありません。改めて「書く」時のプロセスを思い出してみてください。

　まず初めにすることは、「①出来事をイメージして再体験する」ということです。皆さんは様々な利用者に連続的に関わっていますので、そのうちの一人の利用者の記録を書こうとする際には、「今日は何があったかなぁ」と思い出す作業を行うはずです。もし記憶があいまいなら、自分が書いたメモを参考にします。つまり、実際に文章を書く前に、頭の中で改めて利用者との関わりをリアルに思い出し、イメージを確たるものにしています。そしてその確たるイメージ（再体験）をもとに、5W1H を参考にして、「②文章として組み立てていく」という作業に移っていきます。それと同時に「③介護記録の様式に文章として書く」という作業が始まります。

　このように、介護記録を書く時にはまず、自らがしっかりとイメージできることがとても大切で、書く作業はそこからスタートしているということがわかります。書き手である皆さんがイメージできたものを読み手にもイメージしてもらうためにも、いきなり書き出そうとせず、しっかりと頭の中で再体験を行うことが、上手に記録を書くためのコツの一つなのです。

3-3 排泄

利用者の生活にとって食事、入浴と並んで、排泄はとても大事な生活行為です。しっかり介護記録に積み重ね、自立支援に活かしていきましょう。

観察ポイント

＊排泄の時間
- いつ排泄したか

＊表情や言動
- 排泄前後の表情はどうか
- 何か会話をしたか

＊排泄物の内容
- 便や尿の状態（色・軟度・臭気）・量・回数はどうか

＊便意・尿意の訴え
- ナースコール後の訴えはあったか
- 訴えの内容は何か

＊失禁の対応
- 失禁の対応はどのようにしたか
- なぜ失禁したか

＊排泄方法と様子
- 姿勢はどうか
- トイレまでの移動はどうか

ここがポイント 排泄の記録

●利用者がどのような排泄をしたのか具体的に書く

○○様からナースコールあり。急いで訪室すると、トイレに行きたいとのことだったため、排泄介助を行う。

NGポイント 介護スタッフが行った排泄介助のみ淡々と書かれているため、利用者の様子は伝わりにくい文章になってしまいました。

○○様からナースコールがあった。急いで訪室し「どうしました」と声かけすると、○○様が「トイレに行きたい、お腹が痛い」と返答した。そこでトイレにお連れして、便器に座ってもらう。数分後に少量の硬便を確認できた。

OKポイント 利用者からの訴えなどがあった際には、それをエピソード記録で書いておきましょう。

●記号や略語の使用には十分に注意しましょう

○○様のオムツ交換を行う。昨日も出ていなかったため、下剤を服薬したためか、泥状便 (++)。○○様の表情はよい。

NGポイント 排泄介助の際に記号や略語の使用はできるだけしないほうがよいです。特に略語は誰にでも伝わる語句ではありません。

○○様のオムツ交換を行った。昨日から便が出ていない。下剤を服用し排便を促したことで、泥状便を多量に確認した。○○様は微笑みを浮かべていた。

OKポイント 公的文書である介護記録には、個人的な言葉ではなく、一般化した言葉の使用も大事です。

3

そのまま使える場面別文例集

使える文例 ①トイレ誘導・移動

●トイレへの誘導・移動の様子を書く

介護スタッフが「○○さんトイレに行きましょうか」と声かけをすると、「今は大丈夫です」と返事があった。

> **記録のポイント**
> トイレ誘導の声かけは、どのようにお誘いしたかも具体的に書きましょう。

ナースコールが鳴ったので訪室すると、○○様から「トイレに行きたい」と言われた。介護スタッフが両手引きで歩行介助を行いトイレまでお連れした。○○様は、安心したように便器に腰かけ排尿していた。

> **記録のポイント**
> トイレ誘導の際の様子もどのような介助をしたのか書きましょう。

今夜10回目のナースコールが鳴ったため、○○様の居室へ行くと「おしっこ出そう」と話している。介護スタッフが「さっきも行ったけど、また出るの?」とお聞きすると、「出そう」と返事をする。

> **記録のポイント**
> 夜間頻尿や認知症の利用者が頻回にトイレを訴えることがあります。「頻回に」などではなく、おおよそでよいので10回など目安となる表現で書きましょう。

使える文例　②排泄介助

●トイレでの衣服の汚染

○○様がトイレで少量の排便をした。介護スタッフが「終わりましたか？」と声かけをすると、「服が濡れちゃた」と話し、手とズボンを便で汚染している。急いで新しい更衣を持参し着替えてもらう。

記録のポイント
トイレでどのようなやり取りがあり、排泄介助が行われたのか、利用者の状況を具体的に書きましょう。

○○様の排泄介助を行った。排泄後に横手すりにつかまり立位保持をしている間に、介護スタッフが、便を拭きズボンを腰まで上げた。○○様は何事もなかったかのように無表情だった。

記録のポイント
介助の方法なども常にではなくとも、時々具体的に書いておくとよいでしょう。

○○様のいるトイレ内でナースコールが鳴った。便器に腰掛けて「うんこが終わったけど、立てなくなった」と話す。介護スタッフが便器の中を確認し、多量の普通便を確認した。「○○さん、うんこ出てよかったぁ、すっきりしたでしょ」と声かけすると、笑顔で「そうだね」と返事をした。

記録のポイント
何気ない利用者の表情や言動などの様子を書きためることが、情報の積み重ねになります。

使える文例　③オムツ交換の対応

● オムツ交換の様子を具体的に書く

定時のオムツ交換で○○様の居室へ伺う。オムツ交換した直後に、○○様の表情が真っ赤になり踏ん張っている様子だった。数分すると「出た」と話すので、「大丈夫ですよ」と声かけし、改めてオムツを交換する。

> **記録のポイント**
> オムツ交換はスタッフの一方的な介護ではなく、利用者との双方向のやり取りを書く必要があります。

オムツ交換の際に、仙骨部に発赤を確認する。介護スタッフが看護師に報告し処置してもらう。看護師が清拭した後で軟膏を塗布した。

> **記録のポイント**
> オムツ交換時には、臀部の皮膚状態を観察し、気づいたことは介護記録へ書くようにしましょう。

○○様のオムツ交換時に、陰部洗浄を行った。その後清拭して新しいオムツを着用した。○○様が介護スタッフの腕を引っ掻き、嫌がる表情を浮かべたため、「○○さん、もう少しですからね」と声かけを行った。

> **記録のポイント**
> オムツ交換時の様子は時系列で手順を書いていきます。

使える文例　④失禁や下痢・便秘

●失禁の対応内容を書く

　○○様がおもむろに椅子から立ち上がり「トイレ」と話すので、<u>介護スタッフが急いでトイレにお連れしたが、途中でダラダラと失禁し、ズボンを汚染する。介護スタッフが急いで替えのズボンを用意した。</u>

> **記録のポイント**
> 利用者の自尊心には配慮し、記録の書き方も丁寧な表現で書きましょう。

●下痢に対応したことを書く

　○○様が夕方から 37.2 度の微熱があり、多量の下痢を確認した。<u>至急嘱託医へ連絡して往診してもらう。脱水にならないよう、少しずつ水分を摂取してもらった。様子を観察すると、徐々に体温が下がってきた。</u>

> **記録のポイント**
> 下痢の症状を確認したときは、どのような対応をしたのかを書きましょう。

●便秘に対応したことを書く

　○○様が 3 日間、排便を確認していない。本人もお腹が張って苦しいと訴えている。<u>介護スタッフが「の」の字を描くように○○様の腹部をさすると、30 分後に少し便意をもよおし、普通便を少量確認できた。</u>

> **記録のポイント**
> 便秘のときに対応した内容を具体的に書きましょう。

3

そのまま使える場面別文例集

整容・更衣

他者を意識することは、整容・更衣の意識づけに繋がります。人は社会に関心を寄せることで、身だしなみを気にするようになります。

🔍 観察ポイント 🔍

✳ 衣服の着脱のしかた

- 衣服の着脱はどこまで自分でできるか
- ボタンやファスナーを開け閉めできるか
- 麻痺のあるほうの着脱はどうか

✳ 身だしなみの自意識はあるか

- どのような希望があるか
- 日ごろから清潔か否か（価値観）
- どのようなこだわりがあるか

✳ ブラッシングやひげ剃り

- いつ、どのようにブラッシングするか
- 髪に整髪料などをつけるか
- どの程度、化粧をするか

✳ 居室の身辺整理

- 居室は自分でも整理整頓しているか
- 居室の装飾品や写真、家財道具の様子

✳ 洗顔などの様子

- どのような方法で洗顔するか

ここがポイント 整容・更衣の記録

●爪切りを行った様子も具体的に書く

○○様の手の爪が伸びていたので、爪切りをした。途中で一瞬顔をしかめる場面があったが、その後は大丈夫だった。

NGポイント 爪切りをしたことだけしか書いてありません。また何が大丈夫なのかわかりません。

○○様の手の爪が伸びていたので、爪切りをした。途中で「痛い」と言ってしかめた表情になったため、「すみません」と返答する。深爪はしていないが、いつも不安から痛いと声が出る。

OKポイント 爪切りの最中に、利用者の言動をありのままに書き、介護スタッフのコメントも添えることで、利用者の様子が具体化します。

●曖昧な表現ではなく具体的に

○○様は、今日は1日中パジャマで過ごしている。ひげも剃らずに特変なく1日を終える。

NGポイント まるで何も変化がなかったかのような記録になっています。本当に何もなかったのでしょうか？

○○様は、今日は1日中パジャマで過ごしている。「普段着に着替えましょう」と声かけするも、「今日はどこにも出かけないからいい」と話し、いつもは電気シェーバーで剃るひげも、剃ろうとしなかった。

OKポイント 普段とは異なる利用者の様子は、見すごさずに書きます。何らかの体調変化に繋がるかもしれません。

3

そのまま使える場面別文例集

使える文例　**①整容**

●洗顔の様子を書く

　○○様は、今朝も「おはよう」と元気に挨拶して、居室の洗面台で洗顔を行っていた。<u>整容は見守りのみでほぼ自立。</u>洗顔後の様子を見ると、首周りのパジャマが水で濡れていたので、介護スタッフが「普段着に着替えましょう。パジャマ乾かしておきますね」と伝えた。

> **記録のポイント**
> 日々の観察から、利用者の ADL について気づいたことも介護記録に書き留めておくとよいでしょう。

　○○様は右片麻痺で拘縮があるため、左手で洗顔を行った。<u>介護スタッフがそばでタオルを絞って渡す</u>と、左手で一生懸命、ゴシゴシと顔を拭いていた。

> **記録のポイント**
> 一部介助の場合は、スタッフが何を介助しているのかも書くと、他のスタッフと記録を通して共有できます。

●メイクについての様子を書く

　今日はメイクセラピーのボランティアが来所した。○○様は、<u>普段は見せないような満面の笑みを浮かべて、メイクをしてもらっていた。</u>介護スタッフが「○○さん、きれい」と話すと、少し照れた様子だった。

> **記録のポイント**
> 整容は、人の心にも働きかけます。普段は見せない利用者の様子を発見した際は、記録にも書きましょう。

使える文例 ②更衣

●更衣についての利用者の様子を書く

○○様はふらつきがあるため、椅子に腰かけて、健側の右腕を挙上し袖を通し、右足を挙げてズボンを履いた。その様子を介護スタッフがそばで見守りを行っていた。几帳面に脱いだパジャマを右手でたたんでいた。

記録のポイント

利用者がどのような方法で着脱するのか、ありのままに書きましょう。

○○様は、きれいなピンク色のブラウスを着ていたが、裏表が逆になっていた。また靴下も色や柄が間違っていた。認知症の状態が気になったため、ご家族（長男）にも様子を伝えた。

記録のポイント

利用者のみならず、家族とのやり取りについても介護記録に書いておくことが大切です。

3

そのまま使える場面別文例集

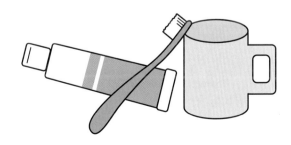

3-5 レク・行事・機能訓練

レクやリハビリでは、利用者の個性がよく観察できます。本人がどのような気持ちでどのように取り組んだのかを書きましょう。

🔍 観察ポイント 🔍

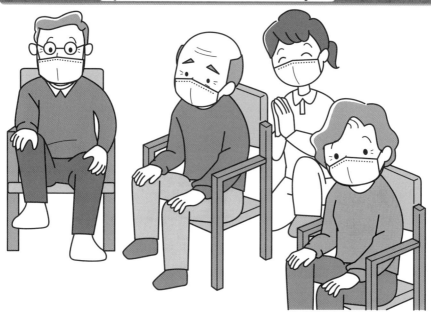

＊表情
- レクが始まるまでの表情
- レク活動中の表情
- レクが終わった後の表情

＊言動
- レク活動について発した言葉

＊好き嫌い
- 好きなレク活動
- 嫌いなレク活動

＊活動意欲
- レクへの参加意欲
- レク活動の様子

＊他者との交流
- 他の利用者とのやり取りや会話
- スタッフとのやり取りや会話

＊身体機能
- 全身の状態や手足の動き
- スタッフの介助

ここがポイント　レクの記録

●レクは利用者の活動の様子を具体的に書く

○○様がレクに参加して、楽しんでいた様子。介護スタッフが<u>一部介助</u>を行った。

NGポイント　どのような活動を行い、介護スタッフの一部介助とはどこをどのように介助したのかが曖昧です。

○○様をレクにお誘いすると<u>「楽しそう」と前向きな返事がある</u>。活動中は折り紙を行い、笑顔で楽しんでいた。<u>細かい作業の部分は、介護スタッフが「少しお手伝いしましょうか」と声かけし、折り返すなど介助した。</u>

OKポイント　レク活動にどのように誘ったのか、また一部介助とはどこに関わったのかなど具体的に書きましょう。

●他の利用者との交流の様子を書く

○○様はレクに参加され、<u>他の利用者と一緒に楽しんでいた様子</u>。特に問題などなく無事に活動を終了された。

NGポイント　一見、無難に書かれている記録に見えますが、他の利用者とどのようなやり取りがあったのか、不明瞭で伝わりにくい記録となっています。

レクに参加され、□□様と一緒に塗り絵を楽しんでいた。○○様は「このお花、アジサイよね」と花について楽しそうに会話していた。○○様はお花が大好きな様子だった。

OKポイント　会話の内容を記録することで、利用者の興味関心がどこにあるのか、詳細に伝わる記録になります。

3

そのまま使える場面別文例集

使える文例　①レクリエーション

●利用者の個性が垣間見えるレクの様子を書く

介護スタッフが「居間で、みんなで歌を歌いませんか」と○○様の居室に誘いに行くと「あまり知らないけど」と気が乗らない様子だった。「皆さんと一緒ですから大丈夫です」と伝えると、しぶしぶ居間に出てきた。

記録のポイント

レクに対する意欲や興味関心に触れる機会があった場合には、それを記録に書いておきましょう。

○○様が他の利用者と4人でマージャンに参加した。「若い頃は徹夜でやったもんだ」と懐かしそうな様子で楽しんでいた。△△様が「○○さん、昔は強かったんでしょう」と話すと、うなずきながら、「今じゃ、こんな感じだけどね」と笑顔で答えていた。介護スタッフがパイを積む動作を一部介助した。

記録のポイント

他の利用者との会話など、他者交流の様子は、利用者の社会性について知る情報源となります。

○○様は、居室でベッドに端座位で腰かけて、野球中継のテレビを見ていた。介護スタッフが「○○さん、野球好きねぇ」と話すと、「今年は優勝できるかもしれないぞ」と少し興奮気味に力強く返事をした。

記録のポイント

利用者が趣味について意欲を示すか否かを確認できたときは記録に書きましょう。

使える文例 ②行事

●さまざまな行事への参加の様子を書く

午後3時に○○様の誕生会を行った。介護スタッフが「お祝いしましょう」と、ハッピーバースディの歌をみんなで歌うと、○○様はうっすらと目に涙を浮かべていた。その後、ケーキを切り分けて他利用者と一緒に食べた。

記録のポイント

楽しんでいる時は、利用者の表情の変化を見逃さずに書きましょう。

夕方から施設の納涼祭を行った。○○様もヨーヨー釣りにトライし、利き腕の右手を遠くまで伸ばして一つを釣り上げていた。介護スタッフが「すごい」と手をたたくと、嬉しそうに一緒に拍手をしていた。

記録のポイント

レクや行事の最中は、利用者も真剣になり、普段には見せない身体機能や意欲も出ることがあります。そのような利用者の様子を記録に残すことは、とても重要です。

○○様もお正月の祝賀行事に参加した。リクライニング車いすに移乗し、ホールのステージ前で余興を観覧した。普段は居眠りをすることが多いが、来訪したボランティアの大正琴を聴く素振りが確認できた。琴の音色が好きな様子だった。

記録のポイント

介護度の重度の方が行事に参加した際には、自身で何かを行うことができなくても、一緒に行事に参加しているということに意味があるため、そこを記録に残しましょう。

3

そのまま使える場面別文例集

✎ 使える文例　③機能訓練

●施設で行われる機能訓練の取り組みの様子を書く

○○様はベッドから自力で起き上がり、端座位になり右手で介助バーを持って立ち上がると、そのまま隣りのポータブルトイレへ腰かけることができた。この動作を3回ほど繰り返し練習したところで、「少し疲れた」と話すので、休憩することにした。

> **記録のポイント**
>
> 機能訓練は、「行った」という結果よりも、その過程にどう取り組んだかが大事です。記録には、「行った」だけではなく、何をどう行ったのかを具体的に書きましょう。

廊下の手すりにつかまって、介護スタッフのサポートを受けながら、トイレまでの距離を2往復、歩行訓練を行った。スタッフの「ゆっくりでいいですからね」の声かけに、うなずきながら一歩ずつ慎重に足を前に進めていた。

> **記録のポイント**
>
> 日常生活の中でも機能訓練に繋がる動作はあります。介護スタッフが携わるなかで、実施した生活リハビリなども記録に書きましょう。

○○様は、本日の個別機能訓練で、下肢筋力の維持に向けたトレーニングを実施した。介護スタッフは、パワーリハのマシーンの乗降動作の際に転倒がないよう介助を行った。普段は穏やかな○○様もはあはあと息があがり、額に汗をかいて取り組んでいた。

> **記録のポイント**
>
> 個別機能訓練はPT/OTあるいは看護師が取り組むものですが、その前後の移動や見守りには介護スタッフも関わることがあります。訓練に取り組む利用者の様子を書きましょう。

使える文例 ④レク・機能訓練の最中のヒヤリハット

●レクや機能訓練の取り組み中のヒヤリハットを書く

○○様がレクの企画の風船バレーに参加した。両腕とも頭までの高さしか挙上しないため、エキサイトして立ち上がった拍子に、よろけて、椅子にコテンと尻もちをつくように座った。看護師が臀部を確認し、バイタル計測をするが、特に打撲痕もなく、値も正常値だった。

> **記録のポイント**
> レクの最中には、利用者も思わず興奮することがあるため、インシデントが潜んでいます。どのような状況のインシデントだったのか、忘れないうちに詳しく書きましょう。

○○様が、個別機能訓練で、マシーンから立ち上がって降りた際に頭上のアームに頭をぶつけ、「痛い」と大きな声を出して頭に手を添えた。そばにいた介護スタッフが、急いで状況を判断し、看護師に報告した。看護師が患部を確認するが、痛みはなくなったと話すため、念のためソファで休ませ様子を観察することとした。

> **記録のポイント**
> 機能訓練の取り組み中は、疲れから集中力が途切れてしまうこともあります。ヒヤリとしたときは、迷わず記録にも書いておいたほうがよいです。

3-6 移動・移乗

　利用者には、その状態像に応じた移動・移乗の方法があります。一人ひとりの方法や手順を具体的に書きましょう。

🔍 観察ポイント 🔍

＊移動や移乗の方法
- 利用者の ADL はどうか
- 利用者ごとの方法はどうか
- プライバシーは保たれているか

＊表情
- 移動や移乗をしている時の表情

＊言動
- 移動や移乗をしている時の言動

＊姿勢
- 便器、ベッドへ移った際の姿勢
- 車いす操作時の姿勢

＊福祉用具の選定や手入れ
- 車いすの選定は適切か
- ポータブルトイレの位置は適切か
- ベッドの位置は適切か
- メンテナンスは行き届いているか

ここがポイント 移動・移乗

●簡素化した書き方ではなく、移動・移乗の内容を書く

❌ 昼食時間のため、○○様をベッドから起こし、車いすに乗せてホールに移動させた。

NGポイント よく散見される介護記録の書き方ですが、職員目線のみで内容も具体的ではありません。

⭕ 昼食時間となったため、「昼食ですよ。ホールに行きましょう」と声かけし、○○様をベッドから車いすに移乗すると、ホールまでゆっくり移動した。テーブルに着くと、ブレーキをかけフットレストを跳ね上げて、踏み台に両足を載せて安全を確認した。

OKポイント 移乗・移動の連続する概要を手順に沿って記録することが大切です。

●利用者に応じた歩行方法とその関わり方を書く

❌ ○○様の歩行介助を行った。そばで見守りを行いながら居間まで移動した。歩行状態に特変は見られなかった。

NGポイント 歩行介助を行ったことはわかりますが、どのようにして歩いたのか、介護職は何をどのように介助したのかわかりません。

⭕ ○○様は、歩行時にふらつくことがあるため、廊下の手すりにつかまりゆっくりと歩行して居間まで移動してきた。杖を使用することもあるが、歩きづらいと話すので、手すりがある場所では、介護スタッフが杖を持ち、そばについて見守りを行った。

OKポイント 利用者に応じた移動方法があります。また介護スタッフの対応すべき点も異なるはずです。そこを介護記録に書くことで大事な情報の積み重ねになります。

3

そのまま使える場面別文例集

 使える文例 ①歩行

●自力歩行の見守りの様子

〇〇様と廊下ですれ違った。その際に介護スタッフが「さっきもすれ違いましたね」と話すと、廊下を歩いて足の運動をしているのだと説明してくれた。〇〇様は、手すりにつかまりながら、ゆっくりと歩き、歩行練習をしている。

> **記録のポイント**
> 「～見守りを行った」と書くだけではなく、具体的なやり取りを書きましょう。

●歩行介助の際のスタッフと利用者の様子

〇〇様が、トイレに行きたいとの訴えがあった。介護スタッフが〇〇様を両手手引き歩行で、トイレまでお連れした。パーキンソン病のため、日によって歩行状態が変わるが、介護スタッフが「1、2、1、2」と声をかけたところ、今日は両足ともリズムを踏んで前によく出ていた。

> **記録のポイント**
> どのような介助なのか、内容にも触れると伝わる記録になります。

談話室まで〇〇様の歩行介助を行った。〇〇様の右横に並び、脇の下を支えながら本人のペースを保ち、ゆっくりと歩行するのが最も安定しており、本人も安心できるとのことだった。

> **記録のポイント**
> 歩行介助の内容を具体的に書きましょう。また本人の様子も添えることも大切です。

使える文例　②杖や歩行器での移動

●四点杖を使用した歩行の様子

○○様が、四点杖を右手で突きながら廊下を歩いている。患側の左足を引きずるように前に出し、ゆっくりだがバランスを保ちながら居間まで自力歩行された。

記録のポイント
四点杖を使用してどのような歩行状態で移動しているのか、具体的に書きましょう。またどこからどこまで移動しているのか、どこで観察したのかなどの情報も書き添えると、大事な情報になります。

●シルバーカーを使用した移動の様子

最近、○○様の歩行が不安定になってきたことから、シルバーカーを押しながら移動してもらったところ、以前よりずっと安定して歩行するようになった。

記録のポイント
シルバーカーを使用した移動の状況を書きましょう。歩行が安定しているのか、不安定なのかなどについても書くとよいでしょう。

●歩行車を使用した移動の様子

○○様はパーキンソン病のため、歩行車で両腕を支えながら、少しずつ移動している。介護スタッフがそばで転倒しないよう見守りを行った。10メートルほど歩いたところで「疲れた」と話し、廊下の長椅子に座りたいと訴えた。

記録のポイント
歩行車を押しながら移動する利用者の様子を書きましょう。歩行車をどのように使用しているのか、どの程度の歩行が可能なのか、など具体的に書くようにしましょう。

3

そのまま使える場面別文例集

 使える文例 ③車いすでの移動

●車いすの自走の様子

〇〇様が、車いすの左側のフットレストを跳ね上げ、左手足を使って漕ぐように操作し、居間まで自力で移動してきた。介護スタッフは時折、危険がないか見守りを行っていた。

> **記録のポイント**
> 車いすを器用に自分で操作する利用者は、どのように移動するのか、その方法も具体的に書きましょう。

●中・重度者の車いす移動の様子

〇〇様は車いすに座るが、体幹バランスが悪く座位を保てず右に傾斜している。介護スタッフが右脇にビーズパッドを挟み、座位を整えた。〇〇様は「あぁぁ」と声を出したため、「苦しくないですか」と改めて右脇の状況を確認し、後ろから押しながら操作して談話室まで移動した。

> **記録のポイント**
> 体幹バランスの悪い方や筋力低下している方など、車いすの座位姿勢はどうなのか触れるとよいです。

夕食の時間になったため、〇〇様の居室へ伺い、ティルト＆リクライニング車いすにて、背もたれを倒した状態で、「〇〇さん、ホールまで行きますよ」と声かけして、ゆっくりと移動した。

> **記録のポイント**
> 利用者がどの車いすを使用しているのか、種類なども詳しく表記することで、利用者の状態像も伝わるようになります。

使える文例　④車いすの移乗

●便器から車いすへの移乗の様子

　　○○様のいるトイレからコールが鳴った。介護スタッフが「終わりましたか？」とお聞きすると、「終わったから、早く出してくれ」と不安そうな返事があった。車いすを便器に近づけ、○○様に「せーの」と声をかけ、車いすへ移乗した。○○様は、車いすに座ったとたんに、ほっとしたような表情を見せた。

> **記録のポイント**
> トイレ介助をする際に、車いすへの移乗を行います。利用者とどのような会話があったのかなども書くことで、利用者の様子を具体的にイメージしやすくなります。

●ベッドから車いすへの移乗の様子

　　「○○さん、朝ごはんの時間ですよ」と声かけしながら居室へ伺う。ベッドに側臥位になっている○○様を起こし端座位にすると、「車いすに乗りますよ」と伝え、車いすに移乗した。

> **記録のポイント**
> 移乗の介助をする際には、声かけの内容も書くと、利用者の生活の様子が伝わるようになります。移乗するまでの手順を書くこともとても大切です。

●車いす⇒食堂の椅子への移乗の様子

　　○○様は、身長が小さめなため、車いすで食堂まで移動してきた後、食堂の椅子へ移乗し座りなおして、朝食を召し上がった。足には踏み台を敷いて高さ調節を行った。

> **記録のポイント**
> 身長が小柄な利用者の対応については、どのようにテーブルについて食事をするのか、移乗だけではなく、その後のサポートまで書くようにします。

3

そのまま使える場面別文例集

 使える文例 ⑤ベッドの移乗

●車いすからベッドへの移乗の様子

車いすで居室まで移動し、ベッドに移乗した。○○様は体格がよい男性のため、安全に配慮し介護スタッフが2人で両脇を支えながら、ベッドへ移乗した。

> **記録のポイント**
> 体格のよい男性を2人で介助する際の記録。

●ポータブルトイレからベッドへの移乗の様子

ベッドサイドのポータブルトイレで排泄を終えた○○様がベッドへ移乗しようとしていた。介護スタッフが急いでそばに駆け寄ると、手を右腕に添えてサポートした。○○様は安全にベッドに移乗することができた。

> **記録のポイント**
> 排泄後のベッドへの移乗の様子です。介護スタッフが気づいてからの様子を具体的に書いていきます。

●ストレッチャーからベッドへの移乗の様子

リフト浴（機械浴）を終えた○○様をストレッチャーで居室までお連れし、介護スタッフが「○○さん、ベッドに移りますよ」と声かけし、ベッドに移乗した。

> **記録のポイント**
> 利用者を居室のベッドへ移乗した時の記録です。声かけしながら、実施している点も書いておいたほうがよいでしょう。

✎ **使える文例** ⑥便器の移乗

●ベッドから便器への移乗の様子

ナースコールが鳴ったため、〇〇様の居室へ行くと、<u>ベッド手すりに</u>
<u>つかまって、ふらふらと立ち上がっている。</u>〇〇様は、大便がしたくなっ
たと訴えた。介護スタッフが急いで〇〇様の左腕に手を添えて介助し、
ポータブルトイレへの移乗を介助した。

> **記録のポイント**
> 利用者が不安定に立ち上がっているところを発見した時の記録です。ややヒ
> ヤリとした場面ですが、ありのままに事実を書きましょう。

●車いすから便器への移乗の様子

夕食が済み、居室まで車いすを押していると、〇〇様が「トイレに行
きたい」と話した。そこで介護スタッフが、共用トイレにお連れし、
便器に横付けし、両脇から手を伸ばして抱きかかえるように移乗介助
を行った。〇〇様は<u>緊張した表情</u>になった。

> **記録のポイント**
> 介助をした時の利用者の表情なども、観察できた時は、丁寧に書いてくださ
> い。

〇〇様は、最近車いすからずり落ちてしまうことが多くなり、長時間
の座位保持が困難になってきた。車いすから便器へ移乗しても体幹バ
ランスが悪く、転落しそうにフラフラして座位を保持できない。そこ
で介護スタッフが上体を支えながら排尿してもらう。<u>今後、様子観察</u>
<u>し、介護方法の検討が必要である。</u>

> **記録のポイント**
> 利用者の身体機能が低下するなどして、現状の関わり方の見直しが必要な状
> 況を観察した時は、検討が必要となったことを記録に書きます。

3

そのまま使える場面別文例集

3-7 送迎

携わったスタッフにしかわからない送迎時の様子は、介護記録で共有することで、一貫性のあるケアが生まれます。

🔍 観察ポイント 🔍

✳お迎え時の本人の様子

- 表情はどうか
- 会話をしたか
- 体調はどうか

✳出迎えの際の家族とのやり取り

- 家族からの連絡事項
- 家族との会話

✳車両への乗降

- 乗降方法

- 乗降時の動作

✳車内での様子

- 気分はいいか
- 車に酔っていないか
- 楽しそうにしているか

✳車内の着席位置

- どこに座ったか
- 隣の利用者との会話

ここがポイント　送迎の記録

●乗降時の様子は、曖昧な表現ではなく具体的に

○○様の自宅へ迎えに行くと、すでに玄関前に立って待っていた。車に乗せて事業所への送迎を行った。

NGポイント 介護スタッフが行ったことは書かれていますが、利用者がどのようなことを話したのか、どのようにして車両に乗車したのかなど、読み手が必要とする情報が書かれていません。

○○様の自宅へ迎えに行くと、すでに玄関前に立って待っていた。「○○さん、おはようございます」と挨拶すると、「待ちきれなくて、外に出てたんだよ」と笑顔で話す。体調は良好とのこと。ワゴン車のスライドドアの手すりにつかまり、踏み台を一つ上がって車内の右後部座席に座った。介護スタッフが脇を支えて介助した。

OKポイント 利用者とのコミュニケーションの様子、乗車時の利用者の動作など、具体的に書きましょう。

●乗降時の家族とのやり取りの様子

○○様宅へ送迎に向かった。家族が見送りに付き添ってくれ、連絡事項を話された。少し怒っている感じだった。

NGポイント 全体的に漠然とした書き方になっており、気になることも書かれていますが、詳しく内容がつかめません。

○○様の自宅へ送迎に伺った。奥さん（嫁）が見送りに付き添ってくれた際に、「昼寝してしまうと、夜に寝てくれないので、困ります。一晩中寝たり起きたりを繰り返して…」と、少し怒って語気を荒げて話した。介護スタッフは、他のスタッフにも伝えて、対応方法を検討すると返答し、○○様を乗せてその場を後にした。

OKポイント 「家族」は「長女」など続柄も書きます。またなぜ立腹していたのか原因も表記する必要があります。

3
そのまま使える場面別文例集

使える文例　①お迎え

●リフト車の操作時の様子

介護スタッフが、リフト車の扉を開け、電動リフトを地面に降ろし、○○様の車いすを安全ベルトで車両に固定した。「上げますよ」と声かけし、パネルを操作して○○様の車いすを車内へ入れた。

記録のポイント

リフト車への乗降時の手順やベルト固定などの安全確認は、一つの証拠となる重要な記録となります。忘れずに書くようにしましょう。

●利用者の乗車の様子

○○様は、何度も乗車時に頭部を車の天井にぶつけているため、介護スタッフが入口の上部に手を添えながら「頭、気をつけて乗ってくださいね」と声かけを行った。○○様は、少し屈んだ姿勢で車内へ乗り込み、後部座席へ座った。

記録のポイント

介護スタッフが乗車時にどのような介助を行っているのか、利用者ごとに配慮する点があれば、書いておくとよいでしょう。

●初めての送迎の様子

○○様は本日が初めてのデイサービス利用となる。「○○さん、おはようございます」と介護スタッフが挨拶すると、やや緊張した面持ちで「よろしくお願いします」と返事があった。歩行が不安定なため、脇を支えながら車まで移動し、スタッフの支えを受けながら、ゆっくりと送迎車の助手席へ乗った。スタッフがシートベルトを固定し、笑顔で対応すると、○○様もニッコリとほほ笑んだ。

記録のポイント

送迎時にしか見られない利用者の様子が観察できれば、それは介助を行ったスタッフのみの貴重な情報源です。記録に書いて他のスタッフと共有しましょう。

使える文例 ②乗車時・車内

●送迎中の車内での利用者の会話

○○様が車窓から遠くの山を眺めて、「雪で山頂が真っ白ね」と話すと、同乗していたＡ様もきれいだと話している。介護スタッフが、「これから寒くなってきますね」と話すと、○○様が「冬は体調が悪くなるから心配」と少し不安そうに話した。

記録のポイント

車内での利用者とスタッフとの会話のやり取りです。運転中は表情などの観察はできませんが、できる範囲で車内の様子を表記することも情報の積み重ねになります。

●送迎中の体調不良の対応

一人暮らしの○○様が自宅を出発後にすぐ腹痛の訴えがあった。介護スタッフは車両を安全な位置に停車し、至急事業所へ電話を入れた後で施設へ直行し看護師へ引き継いだ。他利用者へは事情があり少し遅れることを施設長より連絡してもらった。便秘が原因とみられ、到着後 10 分ほどするとトイレで多量の軟便を看護師が確認した。

記録のポイント

車内で体調不良の訴えがあった時の記録です。このような時は、介助にあたったスタッフが対応を他のスタッフに引き継ぐところまで、責任をもって経過記録に書きましょう。

使える文例 ③お送り・帰宅時

●帰宅時の利用者の様子

○○様が、「ヘルパーさんはどこに行くんですか」と3度、同じ質問をしてきた。そのたびに「今から自宅までお送りします」と答えた。すると「家でお父さん（夫）が待ってるの、早くしてちょうだい」と亡くなった夫の話をし出した。

記録のポイント
送迎中でも利用者はさまざまな様子を介護スタッフに見せてきます。これらの気づきは後ほど、非常に重要な情報になることもあります。

○○様は自宅に到着したが、降車を嫌がり助手席から降りようとしなかった。介護スタッフが「着きましたよ、降りてください」と声かけし、腕に手を添えたが、大きな声で「何をする」と言うとスタッフの手を払いのけた。○○様は「これから会社へ出勤する」との言動がみられた。

記録のポイント
認知症の方の介助では、ご本人の言動などをありのままにエピソード記録として書くとよいでしょう。

○○様の自宅に到着し、送迎車から介護スタッフの介助を受けながら降り玄関まで歩行した。チャイムを鳴らすと、奥さんが「おかえりなさい」と出迎えてくれた。スタッフが「今日は他の利用者様とオセロを楽しんできました」と様子を伝えると、○○様も「ワシは勝てんかったけどな」と頭を掻いていた。

記録のポイント
送迎の帰宅時には、家族とのやり取りの場面があります。会話したことなどは、夫婦や親子などの関係性もわかり貴重な情報となります。

✎ 使える文例　④送迎中のヒヤリハット

●送迎中・乗降時のヒヤリとする瞬間

送迎車が事業所に到着し、利用者を中にお連れしようと後部座席のドアを開けると、○○様が座ったまま上体が外へ傾き、転落しそうになった。どうやら熟睡してしまったようで、ドアに寄りかかっていた様子。介護スタッフが、とっさに全身で支えたため、転落は免れた。

記録のポイント

介護スタッフが取った行動を詳しく書く必要があります。どのような対応を取ったのか、後から問われることがあるためです。

雨が強くなってきたため、○○様の降車の際に、介護スタッフが傘をさし向け、降りてもらおうとした。しかし雨で踏み台が濡れており、バランスを崩して滑りそうになったため、スタッフが慌てて○○様の腕を支えた。

記録のポイント

転倒・転落を免れましたが、どのような状況で滑りそうになったのかなどを詳しく書きます。

送迎中に○○様が意識喪失した。事業所に至急電話連絡し、看護師の指示でそのまま近くの病院へ搬送した。他の利用者も心配そうにしていた。他利用者の送迎は、代わりのスタッフが対応することになり、病院まで来てもらった。

記録のポイント

アクシデントレポートとなりますが、介護記録にも、当時の状況を時系列で順に詳しく記録することが求められます。できるだけ具体的に書きましょう。

3

そのまま使える場面別文例集

101

3-8 夜間巡視

睡眠は利用者の健康的な生活にとって欠かせないものです。どのような睡眠状態だったのか、夜間巡視からの気づきを記録に書きましょう。

🔍 観察ポイント 🔍

❋ 巡回時の様子

- 昼夜逆転はないか
- 深夜に起きていないか

❋ 睡眠状態

- 静かに熟睡しているか
- 仰臥位や側臥位など姿勢はどうか

❋ 排尿・排便

- 排尿・排便の訴えはあるか

- 便臭などはないか

❋ 体調の変化

- 体調不良の訴えはないか

❋ 就寝環境

- 室温は適切か
- 照明の光度は適切か

❋ 夜間帯の必要なケア

- 夜間帯のトイレ介助はあったか

 **ここがポイント** 夜間巡視の記録

●夜間巡視の安否確認

○○様の居室を夜間巡視する。訪室するが特に異常などなく、熟睡している様子。

NGポイント 夜間巡視でよくみられる記録の書き方ですが、どのような様子だったのか伝わりません。

○○様の居室を夜間巡視する。訪室すると右側臥位でいびきをかいて熟眠している。室内を見回るが特に異変などなく、落ち着いて安全に寝ているのを確認した。

OKポイント 夜間巡視は利用者の睡眠状態の観察と共に、安否確認という目的もあるため、確認したことを確実に書いておくことが大切です。

●夜間巡視中の不眠の訴え

○○様の居室へ伺うが、眠れない様子で不眠を訴えている。介護スタッフが寝るように促すが、やはり眠れないとのこと。

NGポイント 端的には書かれていますが、利用者とのやり取りのなかに、大事な様子が多々あるはずです。

○○様の居室へ伺うと、暗闇の中でベッドサイドに端座位で座り込み、黙ってうつむいている。介護スタッフが「○○さん、寝られないの」と小声で話しかけると、びっくりしたようにこちらを見るなり「もうじき朝でしょう」と返事をした。「今布団に入ったばかりですよ」と話しかけると、○○様は「そんなことはないでしょう」と時計を眺めた。

OKポイント 夜間巡視中に不眠の利用者と関わった時の記録です。どのような訴えがあったのか、エピソードを記録するとよいでしょう。

3

そのまま使える場面別文例集

🖊 使える文例 ①睡眠の様子

●安眠している様子

○○様の居室を夜間巡視する。消灯し熟睡している。<u>穏やかに深い呼吸で安定している。</u>危険な体動もなく、<u>安全に仰臥位で寝ていること</u>を確認した。

> **記録のポイント**
> 呼吸や体動、睡眠の様子について観察できたことを書きましょう。

○○様の居室に巡視すると、穏やかな表情でいびきをかいて熟睡している。その後夜間帯は起きることもなく、朝まで入眠している。巡視時は、「はな子がねぇ」と寝言を言っていた。

> **記録のポイント**
> 巡視時の様子は、巡視した介護スタッフにしかわからないことがあります。寝言なども聞き取ったことは書きましょう。

定時の体位変換のために居室へ伺う。左側臥位で静かに入眠していた。<u>右側にビーズパッドを入れて右側臥位にして保持した。</u>○○様は目を閉じたままで、熟睡している様子だった。

> **記録のポイント**
> 夜間帯の体位変換の様子です。どのような手順で体位変換を行ったのか、簡易的であってもこのように書きたいところです。

使える文例 ②夜間の排泄

●夜間の排尿や排泄時のスタッフの対応

午前3時のオムツ交換の際に、多量の軟便の排泄があった。パジャマ
を汚染したため更衣し、シーツ交換も行った。21時の就寝前にも少量
の排便があったため、介護スタッフが「お腹、痛くないですか」と伺
うと、○○様は「スッキリした」と表情はよい。

記録のポイント

夜間のオムツ交換の記録です。交換時間、便の量や状態なども書き留めるよ
うにしましょう。

○○様からナースコールが鳴ったため訪室すると、「おしっこしたい」
との訴えがあった。介護スタッフが○○様をベッドから起こし、両手
引きで歩行介助しトイレにお連れした。ズボンをおろして便器に座っ
てもらうと、すぐに多量の排尿があった。

記録のポイント

夜間の排尿の様子です。訪室した際の利用者の状態やそこで話された言動な
ど、覚えていることは、介護記録に書いておきます。

0時、ナースコールが鳴ったため訪室すると、○○様が「トイレ」と
話す。介護スタッフの見守りにてベッド脇のポータブルトイレに移乗
し、排尿した。スタッフは移乗の際に転倒がないよう腕を支えた。尿
取りパッドにも汚染なし。排尿後は自分でズボンを上げて、ベッドに
戻り就寝した。スタッフは安全に床に就いたのを確認した。

記録のポイント

ポータブルトイレでの排尿の記録です。介護スタッフが行った介助と最後の
安全確認も、しっかり記録されていてよい書き方です。

そのまま使える場面別文例集

使える文例 ③不眠の訴え

●不眠の訴えとその対応

21時に消灯するが、22時にまだ眠れない様子で、部屋の明かりを点けて起き上がり、ベッド上に座っている。介護スタッフが「眠れないの」と声をかけると、「眠れない」と返事がある。「ここにタオルを持ってきますから、一緒にたたんでくれませんか」と話すと、○○さんはうなずきながら、スタッフのタオルたたみを手伝ってくれた。

> **記録のポイント**
> 不眠の訴えに対して、介護スタッフがどのような対応を取ったのか、声かけした内容や実際の対応内容を書きます。

23時、○○様からナースコールがあり訪室すると、「寒い、寒い」と話している。介護スタッフがタオルケットをもう1枚掛け、体温計測を行う。BT36.4度、特に異変はなく、本人も穏やかな表情になり、温かくなったとのこと。その後、0時に再度巡視すると、スヤスヤと寝息をたてて安眠している。

> **記録のポイント**
> 体調の異変など、確認したことは、介護記録に書き留めておくと、スタッフが行った利用者との関わり方の根拠となります。

○○様は、今晩も布団の角を噛んで不眠の様子。危険な体動はないが、布団がほつれることで、異食することもあるため、夜間巡視の際に、異食などないか確認した。AM2時頃から5時半ごろまで睡眠をとった。

> **記録のポイント**
> 夜間帯の利用者は、日中とは異なった表情を見せることがあります。日中の様子と同様に、気づいたことは介護記録に書きます。

使える文例　④睡眠時の環境

●睡眠時の環境はとても大事

○○様の居室を巡視した際に、ベッドで仰臥位になり目を開けていたので、「どうしましたか」と伺うと、「廊下から人の声が聞こえてきて眠れない」との訴えがあった。特に物音はしていないことから、介護スタッフが「○○さん、静かにするように話したんで、もう大丈夫ですよ」と伝えた。○○様は「わかった」と返事をすると目を閉じた。

> **記録のポイント**
> 就寝時の物音は気になるものです。この利用者は認知症のため、幻聴があるということですが、時に医療判断とみられることがあるため、介護職は「幻聴あり」とは書かずに、見たこと、聞いたことをありのままに書くほうがよいでしょう。

「なんだか寝つけない」と話し○○様が目を覚ました。部屋が暑くて眠れない様子。エアコンをつけるように話すが、冷たい風が皮膚に当たるのも体が冷えて嫌だと話す。介護スタッフが少しの間、うちわで足元をあおいでいた。すると寝息をたてて○○様が入眠した。

> **記録のポイント**
> 室温に関することや利用者の個々の意向を書くとよいです。

○○様からナースコールがあった。訪室すると端座位になりスタッフを待っており、「喉が渇いた」と話す。介護スタッフが冷蔵庫から100ccのポカリをコップに注いで渡すと、勢いよく飲み干し、「ありがとう」と笑顔で答えた。今晩は熱帯夜のため少し部屋が暑いように感じた。

> **記録のポイント**
> 部屋の様子だけではなく、利用者の訴えを聞き、観察したことや感じ取ったことも付け加えると効果的な記録になります。

認知症ケア

認知症ケアについての観察は、ついその方のマイナス面を見てしまいがちですが、本人の能力や生活に活かせる機能などプラス面に目を向けることが大切です。

🔍 観察ポイント 🔍

※行動障害

- 一人で外出しようとしないか
- 大声を出すなどないか

※幻聴や幻覚、幻想

- そのような言動がみられるか

※コミュニケーション

- つじつまの合わないことを話していないか

※身体状態や精神状態

- 歩調はしっかりとしているか
- 精神的に安定しているか

※対応方法

- 徘徊などの際にスタッフがどう対応したか
- 利用者のペースに合わせて対応したか

他者と意思疎通をはかることができるか
他者の話しかけに応じるか

ここがポイント 認知症ケアの記録

●徘徊に対する介護の様子

 ○○様が徘徊している。廊下から外へ徘徊したので、スタッフが対応した。

NGポイント 利用者が徘徊したことはわかりますが、どのような様子であったのかが伝わりません。スタッフの「対応」についても、どのように対応したのでしょう。

○○様は、ソワソワし出して廊下を行ったり来たりしていたが、玄関から外出したため、介護スタッフもその後ろに続き、見守りを行った。30分ほど歩くと、「疲れた」との言動があったため、介護スタッフが「あら○○さん、こんにちは。少し休憩しましょうか」と話し、そばのベンチをご案内した。

OKポイント 徘徊時の利用者の様子と介護スタッフの介護内容が詳しく書かれており、光景が目に浮かぶ記録です。

●幻覚の訴えに対する介護の様子

 ナースコールがあったため○○様の居室へ伺うと、幻覚の症状あり。大丈夫だと伝えても納得しないため、しばらくそばで付き添い対応を行う。

NGポイント 幻覚がどのような訴えなのか、またそれに対する介護スタッフの対応もどのようなものだったのか不明です。

 ナースコールがあったため○○様の居室へ伺うと、「部屋の隅に蛇がいるので、追い払ってほしい」と訴えている。指さすほうを見ると、白いコンセントとコードがあった。「わかりました、すぐに追い払いますね」と伝え、電気コードを束ねて整理した。○○様はそれでも納得しないため、10分ほどそばで付き添い動向を伺っていた。

OKポイント 幻覚の訴えが表記されており、対応内容も詳しくなり、どのようなやり取りがあったのか理解しやすくなりました。

3

そのまま使える場面別文例集

使える文例 ①記憶障害（1）

●記憶障害の対応

○○様が「初めまして…」と話すので、介護スタッフも話を合わせて「初めまして、△△と申します」と挨拶した。「ああ、△△さんね」と言うと、にっこりと笑みを浮かべた表情をした。スタッフがお茶を差し出すと、おいしそうにすすりながら、落ち着いた様子だった。

> **記録のポイント**
> 利用者がどのような言動を発し、それにどのように返答したのか、やり取りを書きます。

入浴後に着衣介助したところ、着ていた熊の絵柄のセーターを「私の服じゃないわ、私のセーターはどこ？」と慌てた様子になった。介護スタッフが「わかりました、○○さんの服を探す間、風邪を引かないようにこのセーターを着て待っていてください」と説明し、その場を取り持った。

> **記録のポイント**
> 記憶障害にまつわる様々な対応内容は、順を追って書きましょう。また利用者とスタッフは2文に分けて書くと、読み手にはわかりやすくなります。

先ほど夕食をとった○○様が「晩御飯はまだかしら？」と話しかけてきた。介護スタッフは「それでは、これをつまみながら待っていてくださいね」と○○様のお好きな駄菓子の梅ジャムを手渡した。「あらぁ、おいしそう」と○○様は気をよくした様子だった。

> **記録のポイント**
> 利用者ごとの個別ケアなどがあれば、それを書くことで、一人ひとりの関わりの工夫が見て取れます。

使える文例 ②記憶障害（2）

●記憶障害の対応

介護スタッフが○○様に「こんにちは」と挨拶をする。すると「あなたは、どこの方だったかしら」と聞き返された。「私はこの施設の職員ですよ」と伝えると、納得した様子になった。しかし5分ほどすると、「ところであなたはどちらさま？」とまた聞き返されたため、同様に職員であると告げた。

> **記録のポイント**
> 利用者がどのようなことを忘れ、どのような言動があったのかを書きます。

介護スタッフが、先日来訪した実習生との記念写真を「実習生さんと写った○○さんの写真ですよ」と○○様に見せると、○○様は「この人は誰？」と自分の姿を指差した。「これは○○さんでしょう、いい笑顔ですね」と話すと、「まあねぇ」と嬉しそうな表情を浮かべていた。

> **記録のポイント**
> 利用者の自尊心を傷つけない介護スタッフの対応がよいです。

1か月ほど前から、○○様が召し上がった食事を忘れ、食事を催促するような言動がみられるようになった。今日も夕食後30分ほど経過した頃に、「食事はまだか」と催促する言動があった。介護スタッフが、今作っているのでこれを食べて待っててと話し、小さめのせんべいを1枚手渡した。

> **記録のポイント**
> 食事の催促はよくみられる行動ですが、利用者の言動に対して、どのように対処したのかを書きます。

3

そのまま使える場面別文例集

111

✏️ **使える文例** ③見当識障害

●時間の見当識障害の様子

○○様が廊下をせわしなく歩き回り、「忙しい、忙しい、学校に遅れる」とつぶやき、自分が尋常小学校の生徒だと話している。介護スタッフが「○○さん、おはよう」と声かけすると、「先生、おはようございます」と返事をした

記録のポイント

時間の見当識では、季節がわからなくなったり、若い頃に戻られたりします。その様子をスタッフの私情を交えずに、書きましょう。

●場所の見当識障害の様子

○○様が一人で施設の外へ歩いていくので、介護スタッフが後を追った。10分ほど歩いたところで、行き止まりの路地へ迷い込み、急に困惑した表情で周囲を見渡している。○○様の名前を呼ぶと、「ここは、どこだ?」と尋ねられた。

記録のポイント

場所の見当識障害では、しばしばこのように自分の居場所がわからなくなります。その時の心情を察するため、表情や言動を書き留め、スタッフ間で共有することが大事です。

●人の見当識障害の様子

居室へ伺うと○○様が、洗面台の鏡に映る自分の姿を見て、他人に語りかけるように、「なあ、何でジッとこっち見てるんだ、答えろ」と独り言を話していた。介護スタッフが○○さんに話しかけるが、まったく聞こえていない。

記録のポイント

人の見当識障害では、利用者を観察した時の状況をそのまま書きます。本人が発した言動を書くことはとても大切です。

使える文例 ④抑うつ・焦燥

●抑うつ症状への対応

○○様が居室で泣いている。介護スタッフがどうしたのかと尋ねると、もう死んでしまいたいと訴える。<u>理由をお聞きすると、自分はもう必要のない人間なので、今から死のうとしていたと話し、ずっと終始うつむいたままだった。</u>

記録のポイント

自殺企図などの訴えがある方は、介護スタッフがどのようにその状況を受け止めたのか、やり取りを丁寧に書きましょう。

○○様が椅子に座ったまま、ジッと下を向いている。介護スタッフが、体調が悪くないか確認するため声をかけるが、まったく無反応で表情も変えない。<u>さらに「○○さん」と声をかけるが、まったく視線を合わせようとせず、そのままうつむいて座っている。</u>

記録のポイント

うつ症状の方へどのような声かけをしたのか書きましょう。

●焦燥の様子への対応

○○様が何か焦ったようにイライラした態度を見せている。椅子に座るが、<u>せわしなく小刻みに貧乏ゆすりをし始めたかと思うと、立ち上がって玄関のあたりを行ったり来たりと歩き回っている。</u>スタッフが、「椅子に座ってお茶でも一緒に飲みましょう」と話すが、聞こうともしない。

記録のポイント

焦燥の方の表情やジェスチャーを観察し、ありのままに書きます。

3

そのまま使える場面別文例集

使える文例　⑤作話・妄想

●妄想への対応

大事な財布を誰かに盗られたと話し、○○様が慌てている。介護スタッフが、財布をデイサービスには持参していないと○○様に返答するが、「だぶん職員の誰かが盗ったんだろう」と疑っている。スタッフが「それでは一緒に探しましょう」と探すも見つからず、いったんお茶を飲み休憩するようにお誘いする。

> **記録のポイント**
> 介護スタッフがどのような対処を取ったのかも記録に書くとよいでしょう。

○○様が突然おびえた表情になり「助けて〜」と訴えた。介護スタッフが「どうしたの、○○さん」とお聞きすると、「この人が、ジッと私をにらんでいて、殺そうとしている」と話している。スタッフが「Aさんね、○○さんとお話ししたかっただけですよ」と伝え、両者の間に介入し見守りを行った。

> **記録のポイント**
> どのような状況で、どのような妄想があったのか、観察できたことを具体的に書きましょう。

●作話への対応

夕食のため食堂へ来るように声かけするが、○○様は亡くなった夫と店で夕食の約束があると話し、食堂へは行かないと訴えている。介護スタッフが、約束の時間までまだ少しあるので、その間食堂で待っていましょうと伝え、本人の手を引き食堂へお連れする。その後、夕食が配膳されると、先ほどの言動は話さなくなり、おいしそうに食事を全量摂取する。

> **記録のポイント**
> 作話を確認した場合は、その言動をできるだけ忠実に書くようにします。

使える文例　⑥昼夜逆転・せん妄

●昼夜逆転

○○様が午前2時にステーションに来て「娘が訪ねてきていないか」と質問してきた。スタッフが「見かけていませんよ」と返事をすると、もし来たら教えてほしいと話す。日中は傾眠傾向が顕著で夜間になると覚醒している。

> **記録のポイント**
> 利用者と介護スタッフのやり取りがあった時は、エピソード型記録で丁寧に利用者・スタッフの両者の様子を書くと伝わる記録になります。

○○様の居室を巡視すると、薄暗い居室でぱっちりと目を開け、右側臥位でベッドに横になっている。寝られないとの訴えがあったため、一度ステーションにお連れし、テーブルで温めの番茶を飲んでもらう。

> **記録のポイント**
> 居室を巡視した際に昼夜逆転を確認した際には、どのような環境（居室など）で起きていたのか、介護スタッフが取った介護などの対応を書きます。

●せん妄

○○様の居室からナースコールが鳴る。日中はウトウトしている時間が多く、夜間帯は不眠を訴える。訪室すると天井をジッと見つめて「早く出ていけ」と誰かに訴えるような独語を発している。介護スタッフが「眠れませんかねぇ」と声かけすると、ニヤリと笑ってまた独り言を、ボソボソ話している。

> **記録のポイント**
> 夜間せん妄らしき様子があった時は、利用者の言動、それに対応した介護スタッフの内容を書きます。

使える文例 ⑦幻覚・幻聴

●幻聴への対応

○○様が「私のそばで悪口を言っている声がする」と話す。介護スタッフが「誰もいないみたいですけど」と話すと、「そんなはずはない、お前も嘘をついているのか」ときつい表情になりやや声を荒げて訴えてきた。

記録のポイント
利用者の言動、それに対する介護スタッフの声かけや対応を書きます。

●幻覚への対応

○○様が、居室の壁を指さして「そこに立っている侍を追い払ってくれ」と訴えてきた。介護スタッフが指さす方向を見ると、壁に人の顔写真が写ったカレンダーが吊るされていた。「わかりました、そうしておきますね」と返答し、「○○さん、その間に談話室で皆さんとお茶っこでも飲みませんか」とお誘いした。

記録のポイント
利用者がどのような主張をしているのか、丁寧に書きます。

AM2時、○○様の居室からコールあり訪室すると、「さっきからそこの壁を黒い虫がいっぱい這っていて、こっちに来そうで怖い」と目を見開いて話している。特にそのような状況は確認できなかったが、「わかりました、なんとかしてみます」と返答する。スタッフが、いったん居室の照明を点けて様子を見ることにした。

記録のポイント
利用者に見えている幻覚がどのような内容なのか、また介護スタッフが取った対応を丁寧に書きます。

使える文例 ⑧一人での外出（徘徊）

●徘徊

○○様は、<u>朝の出勤していた時間</u>になると、いつものように玄関に行き、落ち着かない様子で革靴を探している。介護スタッフが見守りをしながら、○○様の後ろを付いて歩く。

> **記録のポイント**
> どのような時に出勤するような仕草を見せるのか、その行動を記録に積み重ねていきます。

○○様は午後になると不穏になり、<u>黙って座っていられずに、廊下を行ったり来たりと歩き回っている。</u>いったんは廊下のソファに座るが、またソワソワし始めて立ち上がり、廊下を歩き始める。介護スタッフに「家に帰ってきます」と言い残すと、また行ったり来たりを繰り返している。

> **記録のポイント**
> 徘徊している様子を、観察したままに書いています。徘徊という専門用語は使用していませんが、利用者の状況が伝わるように記録しています。

○○様が玄関から一人で出て行ったのを介護スタッフが確認する。そこで<u>スタッフが後ろから付き添って歩く。</u>往来する車がなかったため、そのまま一人で自由に歩くのを見守る。<u>15分ほど近所を歩き回ると疲れてきた様子だったので、「一緒に帰りましょうか」と声かけした。</u>すると○○様がうなずく仕草を見せ、スタッフの手を取って歩き出した。

> **記録のポイント**
> 外へ一人で徘徊したときは、「徘徊」とひとことで済ませるのではなく、どのような徘徊なのか、その内容を簡単に説明することが大切です。また介護スタッフの対応したことも書きましょう。

✏ 使える文例　⑨興奮・大声・暴力的行為

●大声への対応

○○様が居室で大声を出していた。介護スタッフが訪室すると、外の騒音がうるさいと耳を両手でふさいで「うるさい」と叫んでいる。遠くで車の音がしていたものの、それほど大きな音ではなかった。窓が10センチほど開いていたため、スタッフが閉めると、静かになったと落ち着いた表情に戻った。

> **記録のポイント**
> なぜ大声を出していたのか、原因がわかる時は、それも書きます。

●興奮への対応

○○様が父親の話をし始めた。工場で働く父親の話をしている。介護スタッフが「子育て頑張ってくれたんですね」と話すと、表情が一変して「そんなことはない、父親を知っているのか」と突然、語気を強めて怒ったように返答した。「ああ、すみません、余計なことを話してしまって」と謝罪するが、10分ほど興奮状態が続いた。

> **記録のポイント**
> どのような状況から興奮状態が始まったのかなど、わかる範囲で具体的に書きます。

●暴力的行為

○○様のリネン交換をし始めた時、○○様が突然スタッフの右腕を強くギュッとつかむと、渾身の力でつねってきた。スタッフが「痛い」と声を発するが、なおも力いっぱいつねっている。「○○さん、痛いです、やめてください」と話し、手を静かに払い本人の胸の上に置いた。

> **記録のポイント**
> 暴力的行為があった時は、感情的にならずに利用者がとった行動とスタッフの対応内容、両者の会話などを書きます。

 **使える文例　⑩不潔行為**

●弄便行為

　○○様がオムツを自分で外して右手で弄便行為をしていた。スタッフが「○○さん、便が出たんですね、気持ち悪かったですね」と話し、急いで手指の洗浄、清拭をして、オムツ・更衣・シーツ交換を行った。その間、スタッフが声かけを行うが、○○様は終始無言で表情も変化がなく無表情だった。

> **記録のポイント**
> 弄便行為を発見した時のスタッフの言動や対応を書きます。

　○○様が手をオムツの中に入れて弄便行為をしていた。今までも何度も行っているため、定期的に巡視していたが、その合い間の時間帯に行っていた。介護スタッフは急いでリネン交換を行い、他スタッフへも申し送りを行った。

> **記録のポイント**
> どのような弄便行為であったのか、発見した時の状況を詳しく書きます。

●尿のまき散らし

　居室を巡視していると、○○様がベッドサイドでズボンを下ろし、排尿をしており、手も尿で汚染していた。介護スタッフが急いで、その場にあったペーパータオルで床を拭き、○○様の手指を洗浄し、ズボン、下着などの交換を行った。

> **記録のポイント**
> 尿のまき散らしを発見した時のスタッフのとった対応を書きます。

3-10 対人トラブル

対人関係のトラブルは集団生活にはつきものです。状況を客観的にありのままに書くことを心がけましょう。

観察ポイント

※ トラブルの当事者の様子

- 何を訴えているか
- どのような行動をとったか

※ トラブルの相手の様子

- 何を話しているか
- どのような表情だったか

※ 対応した内容

- スタッフはどのような対応を行ったか

- 家族への連絡はあるか

※ 体調不良やケガ

- 体調不良やケガはあるか

※ トラブル後の経過

- 両者の様子はどうか
- トラブルは収束したか

※ 今後の対策

- スタッフの反省点はあるか

ここがポイント　対人トラブルの記録

●利用者同士のトラブル

○○様は、食卓のテーブルに座るなり、隣に座っていたA様と口論になったため、急いで介護スタッフが両者の仲裁に入った。

NGポイント　大雑把な記録のため、トラブルの経緯を把握できません。

○○様は、イライラした表情で食卓のテーブルに座るなり、隣に座っていたA様に「そこは私の席よ」と怒って訴え口論になった。A様も「私、前からここの席よ」と困惑した表情で話した。介護スタッフが両者に介入し「○○さん、ごめんなさい。少し模様替えでテーブルを移動したから、勘違いしちゃったんですよね」と話した。○○様に事情を説明し、納得してもらった。

OKポイント　トラブルの原因や利用者の表情や言動が伝わり、トラブルの全容が伝わりやすい介護記録になりました。

●利用者とスタッフのトラブル

○○様の様子に異変があった。どうやら気分を害している様子。スタッフの対応が気に入らなかったそう。謝罪して理解してもらった。

NGポイント　概要はわかるものの、どのような内容だったのか、スタッフはどのような対応をしたのか不明瞭です。

○○様に「一緒にレクに参加しましょう」とお誘いするがまったく表情を変えなかった。どうしたのか尋ねると、「介護スタッフに先ほど話しかけたが、顔も合わせずに対応された」と気分を害している。介護スタッフが対応に不備があったことをお詫びし、理解していただいた。その後、対応に当たったスタッフも利用者へ謝罪した。

OKポイント　トラブルの発端やその後の対応まで書かれており、全容がハッキリと伝わる介護記録です。

使える文例 ①利用者同士

●利用者同士のトラブルの対応

レクリエーションの風船バレーをやっているとき、○○様は「Aさん、さっさとやってよ」と大きな声で話した。A様がびっくりした表情をするなか、介護スタッフが「○○さん、ゆっくりで大丈夫ですよ、風船はなくならないですからね」と声かけした。○○様ははっと我に返ったようになり、コックリとうなずいた。

> **記録のポイント**
> 利用者同士の表情や言動を書くことで、トラブルの内容がわかりやすい記録になります。

介護スタッフが廊下で口論になっている○○様とA様を目撃した。トラブルの内容は○○様の部屋にあった櫛がなくなり、A様が盗んだと疑われている様子。A様は「盗ってない」と主張している。介護スタッフが、両者を引き離し、それぞれに事情をお聴きする。○○様の居室へ行き、スタッフと一緒に探すと、布団の中から櫛が見つかった。

> **記録のポイント**
> どちらから始まった口論かわからない時は、中立性を保ち、両者の言い分をありのままに書きましょう。

○○様は、朝からイライラしている様子で「Aさんが私に嫌がらせしてくる」と訴えてきた。話を伺うと少し頭痛があったためイライラして八つ当たりをしてしまったとのこと。A様との間には特に揉め事はないことを確認し、○○様の精神面のサポートを行う。

> **記録のポイント**
> どのような精神状態だったのか、理由も書くことで、場の状況がわかりやすくなります。

使える文例 ②スタッフとのトラブル

●利用者介助中のスタッフとのトラブルの対応

介護スタッフが脱衣場で○○様のズボンを下ろそうとした。すると急に険しい表情になり「何をする」と大声で話し、スタッフを突き飛ばそうとした。「○○さん、急がせてしまってすみません」と静かに声かけし興奮状態が落ち着くまで少し様子をみた。

> **記録のポイント**
> 認知症ケアの場面では利用者とのトラブルがよくみられます。スタッフ目線ではなく、利用者を中心に状況を捉え、記録することが大切です。

●利用者のセクハラ

○○様の脱衣介助をしていると、突然お尻を触り「介護士さんも一緒に入ろう」と抱きつかれた。とっさに「○○さん、わたし、勤務中ですからね」と話し、相方のスタッフに見守りを依頼し、介護リーダーの元へ報告しに場を離れた。

> **記録のポイント**
> 介護中にいわゆるセクハラを受けた状況の記録です。利用者の言動や行為も私情を交えず、ありのままに記録するのがよいでしょう。ここでは介護リーダーとのやり取りまでは書かれていませんが、そこも書き留めるとなおよいでしょう。

●接遇をめぐるトラブル

○○様への対応のしかたがよくないと本人よりクレームが発生した。○○様は「施設長を呼んできて、直接話をしたい」とご立腹の様子だった。介護リーダーが「私がお話を伺います」とにじり寄るが、「あなたじゃ、ダメよ」と納得できない様子。施設長へ内線を入れ、本件を相談した。

> **記録のポイント**
> いまや接遇についてのトラブルがクレームの内訳で最も多くなっています。利用者の言い分を記録に詳しく書き留めておきます。

3-11 ヒヤリハット

ヒヤリハットは、予期せぬところで発生します。ヒヤリハットを記録に残し、偶発的事故の防止に役立てることが大事です。

観察ポイント

＊バイタルサイン

- 体温や血圧、脈拍はどうか

＊体調

- 身体の異常はないか
- ケガはしていないか
- 精神面に異常はないか

＊表情や言動

- 動揺した表情はないか
- 痛みなどを訴えていないか

＊原因

- 何が原因か
- どのような状況だったか

＊今後の策

- 繰り返さないための対策はあるか

ここがポイント ヒヤリハットの記録

●余暇活動中の車いす操作の危険

 余暇活動のためホールへ○○様を誘導していた際に、手がぶら下がっていたので、慌てて対応した。

> **NGポイント** どのような危険な状況だったのか、またどのような対応をしたのか、曖昧な書き方になっており、よくわかりません。

 余暇活動のためホールに○○様をお連れする際、車いすを操作していたが、途中の廊下で左手が車いすの外へぶら下がり、ハンドリムに当たっていた。スタッフがすぐに気づき、左腕を膝の上に戻した。

> **OKポイント** 車いすの部位の名称なども、わからなければ調べて書くようにすると、具体的に伝わる記録になります。

●ベッド操作時の危険

 昼食介助を行うため、ベッドをギャッチアップしたところ、腕がベッドと柵の間に挟まってしまった。それに気づいた介護スタッフが慌ててベッドを元に戻した。

> **NGポイント** この記録だけを読むと、読み手は完全にベッドと柵の間に腕が挟まりケガをしたと解釈すると思います。詳細なニュアンスが伝わりにくい記録です。

 昼食介助を行うため、○○様のベッドをギャッチアップし始めたところ、右腕がベッドから外へはみ出していたため、柵との間に挟まりそうになった。寸前のところで介護スタッフが気づき、急いでベッドを元に戻し、腕にけがを負っていないか確認した。

> **OKポイント** このように介護記録は読み手に誤解を与えないように、正確に伝わる書き方が求められます。

3

そのまま使える場面別文例集

使える文例 ①ベッドからの転落、ずり落ち

● **ベッドからの転げ落ち**

居室を訪問すると○○様が、30cmほどギャッチアップしたベッドから上体が斜めにはみ出し、柵に腹部が引っ掛かった状態で、身動きできなくなっていた。介護スタッフが「大丈夫ですか？」と声かけし、急いで上体を支えて仰臥位に臥床させた。

> **記録のポイント**
> 発見した時の状況を具体的に書くことが大切です。

● **ベッドからのずり落ち**

ベッドで何度も寝返りを打っている間に○○様も一緒にベッドパッドごと床にずり落ちていた。ベッドは最下位まで降ろしてあったため、ズルッと滑るようにずり落ちていたように見えた。○○様は痛みの訴えはなく、すぐに頭部や背中・臀部を観察したが打撲痕などは確認できなかった。至急、看護師へ連絡を入れた。

> **記録のポイント**
> 介護スタッフがとった対応内容をできるだけ詳しく書きましょう。

● **ベッド上での危険行為**

訪室すると○○様が柵につかまってベッド上に立ち上がり、床へ降りるような動作をしているところだった。介護スタッフが慌てて「○○さん、危ない」と声をかけると、その拍子にバランスを崩しフラフラとよろけた。スタッフがそばに駆け寄り、両腕をつかんで静かに座らせた。

> **記録のポイント**
> スタッフがどのようにしてその場の対処を行い、危険回避したのかを書きましょう。

使える文例　②余暇時間のヒヤリハット

●レク活動中の転倒の危険

レクリエーションでペットボトルボウリングの最中に、○○様の足が
もつれてよろけ、転倒しそうになった。介護スタッフがとっさに抱き
かかえて、転倒は免れた。○○様は、びっくりした表情だった。

> **記録のポイント**
> どのような動作が危険だったのか、具体的に書きましょう。

レク活動で健康体操を行った際に、○○様が前屈の動作をして頭が前
のめりになり体勢を崩した。スタッフがすぐに支えたため、転倒はし
なかった。○○様は「びっくりした、もうやらない」と話した。

> **記録のポイント**
> どのような体勢で転倒しかけたのか、具体的に書きましょう。

●おやつ時の誤嚥の危険

余暇時間に嚥下障害のある○○様が口をモグモグと動かしていたの
で、介護スタッフが「あーん」と声かけし、口腔内を確認すると、グ
ミ菓子を飲み込めずに噛んでいる。グミを急いで取り除き、周囲を見
渡すと、A様が隣の利用者にもグミを手渡していた。食べられない利
用者もいることをご説明し納得していただいた。

> **記録のポイント**
> 余暇時間の利用者同士のやり取りの中にもヒヤリとする出来事が潜んでいま
> す。

そのまま使える場面別文例集

3

使える文例　③浴室での転落や溺れかけ

●浴槽での溺れかけ

個浴に浸かろうと右足を入れ、次いで左足を入れた瞬間に、滑ってバランスを崩して浴槽のなかで転倒しそうになった。介護スタッフがとっさに支えたため、転倒はしなかった。○○様はびっくりした表情で、発語はなかった。

記録のポイント

浴室での溺れかけは非常に危険なインシデントです。場の状況を、一つひとつ順を追って書いていきましょう。

●浴槽での転落の危険

歩行介助が必要な○○様が、目を離したすきに、手すりにもつかまらず一人で浴槽の縁に仁王立ちになっていた。介護スタッフがとっさに「○○さん」と名前を呼び、後ろから両腕で抱き留めた。

記録のポイント

危険行為を見つけた瞬間は、スタッフも気が動転していると思いますが、忘れないうちに早めに記録を書いておきましょう。

●洗身・洗髪時の転落の危険

シャワーチェアに座って洗身している最中に、○○様が突然立ち上がろうとしたため、タイルに足を取られてドンと尻もちを突いて座り椅子から転落しそうになった。特に痛そうな表情や言動はみられなかったが、驚いたような表情を浮かべた。

記録のポイント

浴室は滑りやすいため、このようなヒヤリはよくあります。今後の介護につなげるために、どのような状況で転落しそうになったか、詳しく書きましょう。

📝 **使える文例** ④**様々な場面のヒヤリハット**

●杖歩行

○○様が、廊下の壁に寄りかかって休んでいた。介護スタッフが声を
かけると、トイレに行こうと急いでいたため、杖を忘れて壁伝いに歩
いて来たが、途中で疲れて動けなくなったと説明された。近くの場所
でもＴ杖を忘れないように伝えた。

> **記録のポイント**
> 何気ない生活のなかにも利用者のインシデントはあります。ひとことでもよ
> いので、必ず記してください。

●車いす操作

介護スタッフが玄関前のスロープで○○様の車いすにブレーキをか
け、他利用者に意識を向けていた一瞬の間に○○様の車いすが動き出
し、2メートルほど前に進んでいた。介護スタッフが慌ててハンドグ
リップを押さえ車いすを止めた。

> **記録のポイント**
> 「少し前に進んだ」と曖昧に書いてしまいそうですが、目安となる数字を「2
> メートル」などと具体的に書くことで、読み手に伝わる記録になります。

●ポータブルトイレへの移乗

23時30分に居室を巡視すると、暗がりで○○様がポータブルトイレ
に座っていたので、状況をお聞きすると、体調が思わしくないため、
排泄したところ疲れて立ち上がれなくなり、1時間このまま座ってい
たと話す。コールのスイッチに手が届かなかったとのことだった。体
が少し冷えていた。

> **記録のポイント**
> 巡視した時間や、座り込んでいた時間などもわかるのであれば、具体的に書
> きましょう。

3-12 口腔ケア

咀嚼・嚥下の機能維持はとても大切です。特に高齢者にとっては、健康の
バロメーターとなります。

🔍 観察ポイント 🔍

✳ 義歯のトラブル

- 義歯の衛生管理はできているか
- 義歯の装着状態はどうか

✳ 口腔内のトラブル

- 口腔内の病気はないか
- 口腔内は不衛生になっていないか

✳ 食事前の準備

- 食前に嚥下トレーニングを行っているか

- 義歯は装着し忘れていないか

✳ 食後のケア

- 食後の歯磨きをしているか
- 義歯の洗浄はできているか

✳ 咀嚼・嚥下の機能低下

- 食物残渣がないか
- 麻痺はないか

ここがポイント　口腔ケアの記録

●歯磨きの際の口腔内トラブル

食後に○○様の口腔ケアを行った。口腔内に傷を確認したため、<u>介護スタッフが水ですすぐように促し消毒を行う</u>。

NGポイント　口腔内にケガを発見し、介護スタッフが対応した時の様子ですが、スタッフが行ったことしか表記されておらず、利用者の様子がわかりにくい記録です。

昼食後に○○様に歯磨きを行うようにお願いした。<u>手に歯ブラシを持つが、「口の中が痛い」と話し、歯を磨こうとしない</u>。介護スタッフが口腔内を確認すると、右奥から出血しているのを確認した。咀嚼時に噛んだようだ。口を水ですすぎ消毒をする。

OKポイント　利用者が口腔内のケガの訴えをどのようにしたのか、介護スタッフがそれにどのように対応したのか、わかりやすい記録になりました。

●食前の嚥下体操の様子

○○様に食事前の嚥下体操を行っていただいた。<u>唾液を飲み込む練習や発音練習など</u>に取り組んだ。

NGポイント　嚥下体操を行ったことはわかりましたが、具体的に取り組んだことが不明瞭です。また介護スタッフがそばにいたのかどうかもわかりません。

介護スタッフがそばで見守りするなかで、○○様が朝食前の嚥下体操を行った。呼吸を整え、<u>唾液をゴックンと2回続けて飲み込んだ</u>。そして10回ほど連続して「パ・パ・パ・タ・タ・タ」と発音練習を行った。

OKポイント　嚥下体操の内容が具体的でとても伝わりやすい記録になりました。介護スタッフがそばで見守りをしていることも理解しやすいです。

3

そのまま使える場面別文例集

使える文例 ①歯磨き

●歯磨き

○○様が自分で歯を磨いた後、介護スタッフが口腔内の確認を行った。<u>奥歯をしっかりと磨いていなかったため、後からスタッフがブラッシングを行った。</u>

> **記録のポイント**
> 一人では磨くことができない箇所はスタッフが介助し、その情報を記録に書きます。

●衛生状態の確認

昼食後の歯磨きを行った。○○様は前歯のみ簡素に磨くと、何も言わず歯ブラシを差し出したので、「奥歯も磨いてください」と声かけし、自分で磨いていただいた。その後にスタッフが、<u>口腔内の衛生状態を確認</u>した。

> **記録のポイント**
> 介護スタッフは、衛生状態を最後に確認することも大事です。

●口腔内の確認

○○様の口腔内を確認すると、舌に舌苔がつき始めていた。そこでいつもより丁寧に舌まで磨き舌苔の除去を行った。○○様は「スッキリした」と話していた。

> **記録のポイント**
> 歯磨きだけではなく、口腔内を幅広く観察することも忘れずに行いましょう。

✍ **使える文例** ②歯のトラブル・義歯の扱い

●歯のトラブル

○○様が夕食を食べているときに、「入れ歯が歯茎に当たって痛い」と話す。歯茎がやせて入れ歯が合わなくなった様子。看護師に伝えた。残りの食事は義歯を外し、食事を粗刻み食に変更して対応した。

記録のポイント

義歯のトラブルは、その訴えと対応方法を丁寧に書くことが大切です。

●義歯の扱い

介護スタッフが、○○様の朝食後に口腔ケアのため、義歯を取り出してブラッシングを行った。○○様は、コップの水で口を数回すすいだ。

記録のポイント

介護スタッフが行った介助と、利用者が行った行為は、分けて2文で書きましょう。

食後の口腔ケアを行うため、介護スタッフが義歯を外そうとしたところ、○○様が外したくないとのことだった。口腔内を確認すると、口内炎ができており、それが痛いと話す。

記録のポイント

口腔内のトラブルがないか確認して、その状況を書きましょう。

3

そのまま使える場面別文例集

133

3-13 体調不良・急変・ケガ

利用者と会話しているとき、ろれつが回らない、しびれなどの訴えがあった場合は、見逃さずにしっかりと記録に残すことが重要です。

🔍 観察ポイント 🔍

✳ 状態

* バイタルサイン
* 利用者の訴えからわかったこと
* 観察などからわかったこと

✳ 意識状態

* 意識がハッキリしているか

* 意識がもうろうとしていないか
* 視界がダブって見えていないか

✳ 対処・とった行動

* 主治医への連絡
* 看護師への連絡
* 家族などへの連絡
* スタッフが利用者へ行った対処

ここがポイント　体調不良・急変・ケガの記録

●胃痛があり不快感の訴えに対する対応

昼食時に胃が痛むとのことで、少量の汁のみ摂取し後は何も手を付けない様子。

NGポイント どこがどのように痛いのか、症状がわかりません。利用者から得られた言動を記録に残すことが大切です。

○○様を昼食にお誘いするが、「胃がキリキリと痛い」と訴える。介護スタッフが「どのあたりが痛みますか？」とお聞きするとみぞおちをさすって「ここが痛む」と返答する。「無理しないほうがいいですね。食べられるものだけ食べてみましょう」と伝えると、○○様は納得した様子で食卓まで移動した。「どうですか、食べられそうですか」とお聞きすると、みそ汁をすすりながら、「これだけしか食べられない」と話す。

OKポイント どこがどのように痛むのか、言動をエピソード型介護記録で書くと、書き手にも読み手にも理解しやすくなります。

●体調不良の訴えと嘔吐の症状

夕方に○○様よりナースコールがあり訪室すると、体調不良の訴えがあり、嘔吐した。

NGポイント 体調不良はどのような訴えだったのか、嘔吐は何回、どのくらいあったのかなど不明瞭な記録です。

18時15分、○○様からナースコールあり訪室すると、「何か酸っぱいものが上ってきた」と話し、顔面が蒼白になり口に何かを含んでいる。先ほど食べた夕食を胃から戻しそうになっている様子。急いでガーグルベースを渡すと、少量の嘔吐があった。5分ほど背中をさすっていると、2回目の嘔吐あり。腋窩体温の計測を行い、看護師へ連絡を入れた。BT＝36.8度。

OKポイント 言動を忠実に書くことで嘔吐の症状が具体的になりました。

3

そのまま使える場面別文例集

135

使える文例　①発熱

●発熱の対応

午前10時、○○様の腋窩へ体温計を入れ計測したところ、体温37.8度あり、体調不良の訴えがある。水分補給を勧め、ポカリ150ccを飲んでもらう。11時に再計測すると36.9度とやや下がっていた。その後も急変などないか定期的に声かけをし確認をとりながら様子をみた。

> **記録のポイント**
> 体温計測で発熱が確認されたときは、その後の介護スタッフがとった対処について具体的に書きます。

昼食前の検温を行ったところ、○○様は37.2度あった。夕食は居室でスタッフが食事介助を行い、主食1/2、副食1/3、みそ汁全量を摂取する。少し悪寒があるとの訴えがあったので、毛布を普段より1枚多く掛けた。夕食後にそのまま入眠された。

> **記録のポイント**
> 利用者の見たままの様子はどうか、本人から何か訴えはなかったかなど書きましょう。

17時、体温計測すると37.2度あった。本人に体調を伺うが、特に具合の悪さなどはないと話すので、そのまま様子観察を行う。20時、引き続き体温計測すると、38.0度発熱があったため、看護師へ申し送りを行い、氷枕に交換した。

> **記録のポイント**
> 体温計測を行った時間とその経過がわかるように時系列で記録を書きましょう。

✎ 使える文例　②めまい

●めまいの対応

レク活動をしている時に○○様からめまいがするとの訴えがあった。
介護スタッフ、「大丈夫ですか、少し椅子に座って休みましょうか」と
声かけを行い、○○様を支えながら近くの椅子に座っていただいた。

記録のポイント

めまいがどのような原因で引き起こされたものなのか、医療関係者と情報共
有するためにも、本人の言動、動作、体調不良に関するあらゆる観察事項を
書きます。

○○様が風呂上りに脱衣場で服を着ている最中に、急にふらついてよ
ろけた拍子に壁に肩をぶつけた。顔面蒼白、冷や汗をかいていたため、
トレーナーの袖とズボンの裾をまくり上げ、ソファベッドに仰臥位で
横にした。スタッフが「大丈夫ですか、声が聞こえますか？」と問い
かけると、うっすらと目を開けうなずく仕草を確認した。

記録のポイント

表情や症状について観察した内容など、介護職としてできる限りの情報を書
きます。

3

そのまま使える場面別文例集

使える文例 ③嘔吐

●嘔吐の対応

○○様が朝から元気がなく口数も少ない。食欲がないと訴えていたが、AM10時過ぎに洗面台に嘔吐しているのを通りがかりに発見する。急いで駆け寄り、「○○さん、どうしたの、具合悪い？」と背中をさする。○○様はその後も「うーうー」と苦しそうにうなっている。すぐに看護師へ連絡した。

> **記録のポイント**
> 嘔吐は、感染症などさまざまな疾病に繋がる症状の疑いがあるため、どのような状況なのかを慎重に観察し、様子を書きます。バイタル、表情、利用者の発言や動きなど。

○○様が逆流性食道炎のため、19時30分前後に少量の嘔吐があった。3日ほど前から胃痛の訴えもあり、食事形態も粥食に変更してスタッフ間で様子観察を行っていた。看護師より嘱託医に往診してもらえるように連絡を入れた。

> **記録のポイント**
> 持病のある方の場合には、まず初めにそのことを表記したうえで、本人の様子、スタッフの対応内容を書きます。

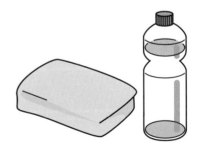

✎ 使える文例　④脱水

●脱水への対応

今日は猛暑日のため、室温もやや高くなったので○○様も額に汗がにじんでいた。体調を伺い、ベッド上で清拭を行った。「普段よりもこまめに水分補給をしてくださいね」とお願いし居室を後にした。

> **記録のポイント**
> 利用者は発汗していないか、それまでの水分摂取は十分だったかなど確認し、声かけ内容も書きましょう。

○○様、夕方から発熱38.8度があり、呼名反応も鈍い。意識混濁もみられ、少しもうろうとしている。脱水による熱中症も疑われたため、至急看護師の指示を受けて、救急搬送となる。

> **記録のポイント**
> 容態はどうかなど観察を行い、急変対応時の様子を丁寧に書きます。看護師への申し送りをしたことは、重要なので必ず書きます。

○○様の居室へ様子観察に行くと、ベッドに臥床しぐったりとしている。表情をみると口で小刻みに呼吸し、唇が乾いている。脱水の可能性があったため、看護師へ連絡をとった。

> **記録のポイント**
> 表情や発汗、脱水の疑われる様子などを記録に書きます。

3

そのまま使える場面別文例集

使える文例　⑤意識消失

● 意識消失への対応

AM10 時、談話室で椅子に座り新聞に目を通していたはずの○○様の両手がダランと脱力しぶら下がっているのを発見し、介護スタッフが「○○さん、○○さん」と呼びかけるが、呼名反応なし。すぐに安楽な体位で寝かせ気道確保し、救急搬送の手配をとった。胸・腹部の動きから呼吸を確認。バイタル計測し、脈拍 60 回 / 分、体温 35.8 度、血圧 140/90mmHg。

> **記録のポイント**
>
> 意識消失時の様態を確認します。自発呼吸の有無、呼吸数、脈拍回数、体温、血圧などバイタルサインを書きます。

リネン交換のため○○様を訪室する。急変あり自発呼吸を確認できず。大きな声で名前を呼び、体を左右に揺さぶるが反応がない。ナースコールにて看護師へ連絡する。看護師も至急訪室。左右頸動脈触知なく、心肺停止を確認。すぐに救急搬送手配をとる。胸骨圧迫を行い、バッグバルブマスクで送気を開始する。

> **記録のポイント**
>
> 意識消失を発見した時の状況、利用者への対処時の様子、介護スタッフがとった対処内容、看護師から受けた指示内容を丁寧に書きます。

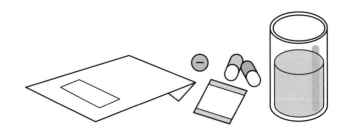

✎ 使える文例 ⑥ろれつ・しびれ

●ろれつ

○○様は、椅子に座って隣の席の△△様と談笑していたが、<u>ろれつが回らず、言葉がつかえて出てこない状態</u>となった。スタッフがその異変に気づき、○○様に<u>「大丈夫ですか」</u>と声かけすると、<u>「大丈夫」との返答</u>があったが、すぐに看護師へ申し送りを行った。

> **記録のポイント**
>
> ろれつが回らないと気づいた際には、早急にその状況を確認し、介護スタッフがとった判断、看護師へ申し送った内容などを記録に書きます。

●しびれ

○○様が、<u>椅子から立ち上がろうとしたが、下肢に力が入らずに膝関節がガクンと曲がり、椅子に座り込んでしまった。足先がしびれるような気がする</u>との言動があったため、至急看護師へ連絡し、判断を仰いだ。

> **記録のポイント**
>
> しびれを確認したときの具体的な様子を書きましょう。

○○様の顔面が蒼白となり、気分が悪いと話すので、ソファに臥床させバイタル計測を行い、血圧・脈拍とも落ち着いていることを確認する。<u>本人より「手先のしびれ感があるので、ベッドで横になりたい」との訴え</u>があったため、車いすで居室へ移動しベッドで臥床し様子をみることとする。

> **記録のポイント**
>
> しびれは、本人の訴えを聞き取り、それを介護スタッフができるだけ正確に書きます。

3

そのまま使える場面別文例集

●湿疹

入浴のため○○様の脱衣介助を行った際に、<u>背中全体に赤い湿疹</u>を確認する。本人にお聞きすると<u>「かゆい」</u>と話す。<u>かゆみに加え、赤み、細かいブツブツ状</u>になっている。

> **記録のポイント**
> 皮膚状態を観察し、その状態、本人の言動を書きます。

●褥瘡

<u>看護師が○○様の居室のベッドで仙骨部の褥瘡にアクトシン軟膏を創面に充填しガーゼで保護した</u>。その後、<u>介護スタッフが清拭し下着、パジャマの更衣を行った</u>。<u>○○様は表情を変えることはなく、黙って目を閉じたままだった</u>。

> **記録のポイント**
> 看護師が行った皮膚の処置、その後の介護スタッフの対処を書きます。利用者の表情を書くことも大事です。

●汗疹

今日も昨日に続いて<u>真夏日</u>となったため、介護スタッフがエアコンをつけ居室の温度調節を行う。○○様も<u>「暑い、暑い」</u>と話す。<u>汗をかいた</u>と話すので、昼食前にシャツを交換しようと脱いでもらった際に、<u>背中・へそ回りに汗疹らしき湿疹を発見</u>した。

> **記録のポイント**
> 汗疹などの場合は、室内環境など、症状を誘発した可能性のある状況も合わせて表記するといいでしょう。

使える文例　⑧原因不明のケガ・傷

●デイサービス利用者のケガ

デイサービスお迎えの送迎時に、玄関を開けて出てこられた○○様の右手の甲に2センチ程度の打撲痕を確認した。青紫色に腫れ盛り上がっている。○○様に伺うが本人もなぜケガをしたのか覚えていないと返答がある。デイへ到着後、看護師へ申し送りをする。

記録のポイント
デイサービスでは来所時に利用者に異変や何らかの変化がないか、特に注意深く観察し、記録に書きます。ケガや傷はその大きさ、色、状況を詳しく書きます。

●虐待疑いの打撲痕

○○様の入浴介助を行っている際に、左右の大腿部に数カ所の打撲痕を発見する。痛みはないか確認すると、少し痛いと話す。原因を尋ねるが、転んだんだろうと曖昧な返答を繰り返すのみ。少々不審な点もあったため、看護師と生活相談員へすぐに連絡をとった。

記録のポイント
原因不明のケガや傷は、本人に伺った際の言動も必ず書きます。傷や打撲痕などは虐待の疑いもあるため、本人が家族をかばうような言動も忠実に記録します。

●認知症の方のケガ

○○様の右の額に3センチほどの引っ掻き傷があった。傷について本人にお聞きするが、「自分はやっていない、寝ている間に誰かに引っ掻かれた」と話す。○○様は中度の認知症があるため、相手の状況を上手く説明できないが、昨日入浴時に爪をきれいにケアしたばかりのため、他利用者とのトラブルも考えられた。

記録のポイント
介護重度者や認知症の方は、自分でケガや傷の原因を説明できないことがあります。本人の様子のほか、介護スタッフが観察から得た情報も記録します。

3-14 感染症・慢性疾患・特定疾病

感染症は早期発見と予防が重要です。また慢性疾患は禁忌事項などもあります。介護記録は情報共有のための重要なツールとなります。

観察ポイント

＊症状・体調の変化

- 本人の訴えはあるか
- 表情や声、身体状態はどうか
- 急な発熱はないか
- 風邪の症状はないか
- 嘔吐や下痢はないか
- 腹痛はないか

＊服薬管理

- 服薬は忘れずにできているか
- 一人で服薬できるか

＊感染予防対策

- うがいや手洗い、消毒はできているか

＊医療・介護の連携

- 医師や看護師と連絡したことはあるか

＊家族との連絡

- 家族が気づいた情報はあるか
- 家族へ伝えたことはあるか

ここがポイント　感染症・慢性疾患の記録

●感染症の利用者への対応

インフルエンザで入院していたが、本日退院となる。少し痩せた様子。夕食の煮物を美味しいと話して食べている。仲よしのA様と一緒に食事できたこともあって全量摂取する。

NGポイント　退院前後の様子が曖昧です。本人の言動からわかったことなどを、介護記録に残しておくことが大切です。

○○様は、インフルエンザで入院中だったが、体調が回復し本日午前に退院となった。体重が2キロ減少していた。「病院の食事が美味しくない」と話す。当苑へ戻り、夕食の煮物を美味しいと話して自力で全量食べている。仲よしのA様と一緒に食事できたこともあって全量摂取する。介護スタッフが誤嚥などないようにそばで見守りを行った。

OKポイント　退院後は、入院中の様子を伺いながら、本人の言動を記録に書き留めることも大事です。

●慢性疾患の利用者への対応

入浴中に急変があったため、至急看護師に連絡を取った。看護師が主治医と相談し、今後の観察の留意事項や対策の仕方を確認することとした。

NGポイント　入浴中の急変がどのような様子だったのか、具体的に書く必要があります。

○○様が午前の入浴中に、糖尿病による低血糖のため全身に力が入らなくなった。手足が震え、冷や汗をかいている。看護師が与えたブドウ糖で一時的に落ち着いた。主治医に相談し、朝食の摂取量や入浴順・入る時間などについて相談した。

OKポイント　介護スタッフが他職種へ相談を持ちかけた時は、必ずその内容を介護記録にも書き留めておくことが大切です。

3

そのまま使える場面別文例集

✎ 使える文例 ①感染症対策

●インフルエンザ予防接種

○○様がインフルエンザの予防接種を受けた。注射をした後で、<u>容態の経過観察のため、しばらく介護スタッフがそばで見守りを行った</u>が、特に体調の悪化などはなく安定している様子だった。

> **記録のポイント**
> インフルエンザのワクチン接種の際には、その後の見守りの様子も安否確認のために書き添えます。

●尿路感染症の予防

○○様がオムツに手を入れるため、<u>尿路感染症の予防としてバスタオルを腹部に巻き、丈が長めのパジャマを娘に用意してもらい、今日から対応している。</u>○○様は手を入れようとするが、バスタオルにより陰部を素手で触れることは避けられている。

> **記録のポイント**
> 感染症予防、早期発見に努めている状況を介護記録にも書き留めましょう。

●感染症予防の対策

感染症予防のため、本日から<u>次亜塩素酸水を使用して噴霧を行い、床の消毒を行っている。</u>○○様の<u>居室の床の消毒、ドアノブ、ベッドなども消毒</u>を行った。○○様に<u>もうがい・手洗い</u>をお願いした。

> **記録のポイント**
> 感染症予防のため、介護スタッフが実施している消毒や各自ができる予防策を啓発したときは、それを記録に書き留めておきます。

使える文例 ②ノロウイルス・O-157・疥癬

● ノロウイルス

ナースコールあり○○様を訪室すると、「お腹が痛い、具合が悪い、吐きそう」との訴えがあり、話した直後に嘔吐する。BT38.1度あり、その後にトイレで排泄し下痢を確認した。すぐに嘱託医に往診を要請した。

記録のポイント

ノロウイルスは非常に感染力の強い感染症です。利用者の訴えは感染症の早期発見にとても重要です。

● O-157

16時に○○様が「うーうー」とうなり声をあげ、激しい腹痛を訴えた。そして居室のトイレで排泄するも下痢に血便を確認したため、すぐ看護師の付き添いのもと主治医を受診した。ソーシャルワーカーが長男へその旨を連絡した。検査の結果、O-157との診断が出たため、そのまま入院となった。

記録のポイント

利用者の下痢や嘔吐の状況はどのようなものだったのか、観察から得られた様子を具体的に書きます。

● 疥癬

○○様の手指、背部に赤いブツブツした丘疹を確認した。他利用者の発症も確認されていたことから、その疥癬が○○様にも感染した模様。看護師へ連絡を入れた。

記録のポイント

疥癬は一度感染すると、他の利用者へも感染する危険があります。どのような皮膚状態だったのか書きます。

3

そのまま使える場面別文例集

✎ 使える文例 ③MRSA・新型コロナ・インフルエンザ

● MRSA

ひと月ほど前から褥瘡があり、検査でMRSAが検出された。<u>介護スタッフ全員が感染予防に努めるため、対応策を検討し合った。</u>

> **記録のポイント**
> MRSAは隔離室で徹底した感染予防が必要です。介護スタッフがとった対応があれば、その都度記録に書きます。

●新型コロナウイルス感染症

○○様が新型コロナウイルスに感染したため、<u>本日から居室隔離対応となり、専属スタッフが対応することとなった。</u>バイタル計測すると、BT = 37.7 度、PB = 126/80mmHg、PR = 70 回 / 分。介護スタッフが「調子はどうですか」と伺うが、不調の訴えなどは特にない。

> **記録のポイント**
> 新型コロナウイルス感染症のクラスター防止のため、介護スタッフがとっている対応を表記します。

●インフルエンザ

起床確認のため訪室すると、○○様から「具合が悪い」との訴えがあり、<u>赤い顔でぐったり</u>している。検温すると 38.8 度あったため、すぐに看護師へ連絡した。

> **記録のポイント**
> 利用者の訴えだけではなく、顔色や動きにも着目して観察します。

使える文例 ④慢性疾患の病状と様子

●糖尿病性腎症の利用者の病状の変化

糖尿病性腎症の持病のある○○様が、10時から人工透析のためH病院に通院した。当苑の送迎にて通院し、16時にまた迎えに行く。透析中は病院の看護師に様子観察をしてもらったが、ベッドで静かに過ごしていたと申し送りがあった。

> **記録のポイント**
> 持病などの症状は、どのような状況なのか書きます。医師や看護師からの申し送りがあった場合は内容を書いておくことが大切です。

●慢性肺疾患の利用者の病状の変化

肺疾患のある○○様は、自分で着替えはできるが、靴を履くときに前屈すると息が苦しいとの訴えがあった。看護師と理学療法士に伝えたところ、今後はリハビリに呼吸筋ストレッチ体操を取り入れてみることになった。

> **記録のポイント**
> 介護方法や留意事項の変更があった場合には、それを書きます。

●心臓病の利用者の病状の変化

起床のため居室へ伺うと、「胸が苦しい」との訴えあり。心臓病の持病があるため、介護スタッフ（伊藤）が看護師へ至急連絡した。7時10分、看護師の判断により介護スタッフ（田中）が救急車を要請し、7時30分、生活相談員（梅沢）が付き添いのもと病院へ救急搬送となった。

> **記録のポイント**
> 急変時の対応を行った時の介護記録は、スタッフの実名をカッコ内に書きます。「介護スタッフ」の表記だけでは曖昧になるため、どの職員がどのような対応をしたのか明確にするためです。

使える文例　⑤糖尿病・高血圧・心疾患

●糖尿病

看護師が○○様に「注射のお時間ですよ」と声かけし、インスリンを自分で注射するのを見守った。注射後の使用済みの注射針を専用空ペットボトルのケースに看護師が入れた。血糖値は安定している。

記録のポイント

介護スタッフが直接関わることができない医療行為については、看護師も記録を書きますが、介護スタッフも観察から得られた情報は、介護記録に書きます。

●高血圧

○○様は本態性高血圧症があるも、表情はおだやかで、めまいなど自覚症状もない。体に負担のかかる無理な労作を控えて静かに過ごすように声をかけた。

記録のポイント

表情はどうか、どのような声かけを行ったのか、書きましょう。

●心疾患

○○様は2日間排便がない。心疾患の持病があるため急な血圧上昇の引き金となる排便時のいきみを避けるように主治医から指示を受けているため、便秘傾向があることについて看護師に相談した。

記録のポイント

医師から指示を受けた生活上の留意事項についてどのように利用者に啓発したのか書きましょう。

使える文例 ⑥特定疾病の病状と様子

●関節リウマチ

○○様が関節リウマチのある両手、両足の痛みを訴える。特に右手掌の熱感が酷いため、看護師に連絡し処置してもらう。

記録のポイント

関節リウマチは全身のあらゆる関節に炎症が起こり、痛みやこわばりが現れる状態。関節の炎症が影響し、筋肉や腱の働きが低下することで、身体が動かしにくくなります。どのような症状があるのか、観察から得られた情報を記録として書き残すことが大切です。

●脊柱管狭窄症

○○様が歩行器を使用して居室から談話室まで歩行した。介護スタッフがそばについて見守りを行った。間欠性跛行があるため、少し歩くと足がしびれて痛いとの訴えがある。すぐに近くにあった椅子に座り、休みやすみ、ご自身の席まで移動した。

記録のポイント

脊柱管狭窄症の利用者の態様に応じた対応を書きます。この利用者は間欠性跛行があるため、歩行のしかたを詳しく書いています。

●ガン末期

○○様の昼食介助を行った。長時間の座位保持が困難なため、ティルティング車いすで談話室まで行き、配膳された粥食を召し上がった。約5分おきに少し休んでは食べ、休んでは食べというようにご自身のペースで粥を1/2ほど食べた。

記録のポイント

末期ガンの利用者は体力低下が著しいため、日々の様子が目に見えて変化します。毎時の様子をできるだけ具体的に記録として積み重ねることが大事です。

3

そのまま使える場面別文例集

151

使える文例 ⑦パーキンソン病・筋萎縮性側索硬化症（ALS）

●パーキンソン病

○○様が歩行車を押しながらゆっくり歩行するのを介護スタッフがそばについて見守りを行った。最近歩行するスピードが速くなり突進型の歩行が目立つようになってきたため、一定の調子で歩行できるよう「いち、に、いち、に」と介護スタッフが声かけを行っている。

記録のポイント

パーキンソン病の利用者の態様に応じた介護内容を書きます。この利用者はパーキンソン病の特徴の一つである突進歩行があるため、歩行介助の内容を書いています。

●筋萎縮性側索硬化症（ALS）

○○様から文字盤で「吸引してほしい」との訴えがあった。介護スタッフが○○様の体調を確認したうえで、吸引器の準備をした。ベッドをファーラー位にギャッチアップし、口腔内・鼻腔内の痰の吸引を行った。吸引が終了した後で○○様に体調を伺い、正常であることを確認した。

記録のポイント

吸引の前後の利用者の体調や気分を確認し、記録に書きます。どのような手順で吸引を行ったのか、状況も書きましょう。

3-15 服薬確認

　介護スタッフの服薬時の対応確認と利用者の様子など、服薬管理一覧など
に記載できない様子を書きます。

🔍 観察ポイント 🔍

＊薬の確認方法

- 薬の名前の確認
- 正しい時間での服薬

＊服薬時の様子

- 利用者の服薬時の様子
- 服薬の方法

＊必要な対応

- 介護スタッフの声かけ
- 服薬時の介助

＊与薬のヒヤリ

- 誤薬の危険
- 誤薬ミス

 **ここがポイント** 服薬確認の記録

●曖昧な表現ではなく具体的に

 ○○様の朝食の後に薬を服用してもらおうとしたが、<u>どうしても嫌がって拒否された。</u>

> **NGポイント** なぜ嫌がったのか、普段はそのようなことはなかったのか、原因も探って記録することが大切です。

 ○○様の朝食の後に薬を服用してもらおうとしたが、口を開かなかった。<u>先月末ころから錠剤を水で口の中に含むも、なかなか嚥下できずにいる。そこで○○様の好物のグレープ味のゼリーと一緒にスプーンですくい服用した</u>ことを確認した。

> **OKポイント** 服薬のしづらさがいつから確認されたのか、どのような方法で服用したのか、など詳しく表記されており、状況を把握しやすくなりました。

●どのように服薬したのか具体的に書く

 介護スタッフが声かけし、○○様の手に薬を渡した。○○様は、湯呑に薬を入れて薬を服用していた。

> **NGポイント** 薬を服用したことはわかりますが、一人で服用したのか、どのようにして服用したのか、服用方法などが曖昧なため読み手に伝わりません。

 「○○さん、食後の薬ですよ」と声かけし、オブラートに包んだ薬を手に渡した。○○様は、<u>しかめた表情を浮かべて、湯呑に入ったとろみのついたポカリに薬を入れると、スプーンですくって一人で服用した。</u>介護スタッフはその服用の様子を確認していた。

> **OKポイント** 介護スタッフの声かけの内容、服薬時の利用者の表情、服薬の確認など必要な情報が記録されました。

 **使える文例** **①服薬時**

●服薬時の様子

○○様は錠剤を手に取ろうとしてうまくつかめずに、椅子の下に落としたため、周囲を探すように眺めていた。介護スタッフが、その状況を見守りし、椅子の下に落ちていた薬を拾い、きれいに拭いた後、○○様の手のひらに渡した。

> **記録のポイント**
> どのように服薬できているのか、本人の動きや介護スタッフの対応内容を書きます。

夕食後に、降圧剤と胃薬など4種の処方薬を服用した。○○様は「薬がたくさんあって、お腹がいっぱい」と話した。介護スタッフが「本当ですね、今度先生に聞いてみましょう」と返答した。

> **記録のポイント**
> 服薬時の利用者と介護スタッフの言動があった時は、そのやり取りを書きます。

○○様の居室に伺い、服薬介助を行った。○○様に「薬の時間ですよ」と声かけし、ベッドをギャッチアップした。○○様は右片麻痺でむせ込みがあるため、とろみをつけた白湯でゆっくり口に粉薬を入れた。

> **記録のポイント**
> 重度の要介護者の服薬時の様子と介護スタッフの介護内容を書きます。

3

そのまま使える場面別文例集

使える文例 ②薬が飲めない

●薬が飲めない、あるいは一人では服薬できない状況

○○様の夕食後に介護スタッフが、「薬を飲まれましたか」と伺うと、○○様は「おっと、忘れていたわ」と言い、水を準備して服用していた。

記録のポイント
服薬を忘れている利用者に対して、介護スタッフがどのように意識づけ、服薬させたのかを書きます。

○○様は嚥下障害により、粉薬を飲み込む際にむせ症状があるため、おかゆを少量残して、そこに薬を混ぜ合わせて服用してもらった。少々嫌そうな表情で口をつぐんでいたが、介護スタッフが何度も試みていると、口に薬を含んでゴクンと飲み込むのを確認した。

記録のポイント
嚥下障害のある利用者の介助と服薬確認したことを記録に書きます。

○○様に食間の薬を手渡すが、頭を横に振っている。介護スタッフが「どうしましたか」と聞くと、また頭を横に振る。「飲めないの？」とお聞きすると、「そう」とうなずく。そこでスタッフが錠剤をすりつぶしてから口に入れると、○○様は水で服用していた。

記録のポイント
なぜ薬を飲まないのか、その理由について観察から気づいたことを書きます。

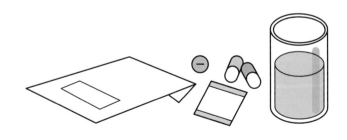

✏️ **使える文例**　③服薬時のヒヤリハット

● **服薬確認**

配膳されたトレーに○○様の食前に服用する薬を置いたが、下膳されたトレーの隅から薬が見つかった。○○様はスタッフの確認ミスにより、食前の服薬をしていなかった。本人の薬なのか確認し急いで居室で服薬してもらった。

> **記録のポイント**
> 薬の飲み忘れなどがあった際には、その前後の状況を含めて、丁寧に順を追って記録に書く必要があります。

朝食後、服用の確認をしようとしたところ、○○様のトレーに薬包が見当たらなかった。スタッフが○○様に聞いたところ、知らないと首をかしげている。急いで仕分け箱を確認すると、まだ今朝の薬が残っており、手渡すのを忘れていた。すぐにスタッフが介助し○○様に服用してもらう。

> **記録のポイント**
> 介護スタッフの投薬ミスがあった際には、その前後の状況を記録に書きます。

○○様の配膳トレーにあったはずの薬包が、隣のＡ様の配膳トレーにあった。介護スタッフが確認すると、○○様はまだ服用していないと話す。Ａ様に確認するが本人は「知らない」と返答する。○○様の薬をＡ様が誤薬した模様。至急看護師へ報告する。

> **記録のポイント**
> 見守り不足などによる他利用者の誤薬などがあった場合には、確認できていることや医療関係者への連絡事項をありのままに書きます。

3

そのまま使える場面別文例集

3-16 医療的ケア

医療的ケアの記録は、医療関係者との情報共有にも欠かせないため、出来事やその対応などすべての情報を丁寧に残すことが大切です。

🔍 観察ポイント 🔍

✳ 体調や表情

• バイタルサイン
• 利用者の言動
• 表情の観察

✳ 医療行為の前後の様子

• 本人の訴え
• 表情の観察

✳ 過去の記録の確認

• 胃ろう

• 経口摂取

✳ 医療的ケアの手順

• 医療器具の扱い

✳ 医薬品の扱い

• 軟膏塗布やシップ、点眼薬はどうか

✳ 医師・看護師との連携

• 利用者の状況報告

ここがポイント　医療的ケアの記録

●ターミナルケア

○○様の様子は、以前より悪化している。本日は食事をとることができなかったため、家族にその旨を連絡した。

NGポイント　利用者の様子を書くだけではなく、家族との会話などのやり取りも記録しておくことが大切です。

○○様は、数日前から食事を摂取することができなくなり、本日もスポイトで数滴の補水液を経口摂取された。長男の妻がゲストルームに寝泊まりしているため、面会時に今後の意向について会話を交わした。

OKポイント　ターミナルケアは、その日1日の積み重ねが大事です。利用者との関わり内容は、家族ともこまめに情報共有します。

●喀痰吸引

○○様が、痰が絡んで、ゼーゼーと呼吸するのが苦しそうだったので吸引を行った。

NGポイント　吸引前後と吸引の最中の利用者の様子をもう少し具体的に書くとよいでしょう。

○○様が、痰が絡み「ゼーゼー」ととても呼吸が苦しそうだったので、介護スタッフ（△△）が喀痰吸引を行った。「○○さん、吸引をしますね」と声かけを行った。そして口腔内と鼻腔内の痰を吸引し、スムーズに呼吸できていることを確認した。

OKポイント　（△△）の部分はスタッフの名前を書きます。吸引後の安全確認をしっかりと行ったことを明記する必要があります。

3

そのまま使える場面別文例集

使える文例 ①ターミナルケア

●利用者の危篤への対応

PM11時30分、介護スタッフが「どこか痛みますか」と静かに声かけするが、反応はなく「う〜」「あ〜」と声を発している。やや苦しそうに小刻みに背中で呼吸をしている様子にみえた。AM 0時20分、血圧が低下してきているため、苑内看護師と嘱託医へ連絡を入れる。泊まり込み仮眠をとっていた長女へ連絡し、○○様の居室へ来るように伝える。

> **記録のポイント**
> 危篤状態のときは、記録などを書く余裕がありません。後から本人の言動や連絡した専門職など、状況を時系列で書きます。

●食欲の低下の様子

○○様は、3日ほど前からほとんど食事を摂取できなくなり、粥の上澄みをスプーンですくって経口摂取するのみになっている。コロナ禍により、家族は寝泊まりできないため、介護スタッフが交替で見守りを行っている。

> **記録のポイント**
> どのようにして食事・栄養を摂取しているのか（方法）、またいつから食欲が低下したのか（状況）を書きます。

●チアノーゼ症状の様子

夕食に起きたが、すぐに寝かせてほしいとの訴えがあり、ウトウトされる。水分摂取の必要があったため、何度も声かけし、スプーンで経口補水液50ccを飲んだ。排尿を確認できず、顔面が蒼白となり、唇にチアノーゼ症状を呈している。

> **記録のポイント**
> 利用者の観察できる表情や体調の変化などを書きます。

📝 **使える文例** ②介護職の医療的ケア

●胃ろう

　○○様の居室へ行き、胃ろうの栄養ボトル（イルリガートル）を設置した。イルリガートルが清潔で乾燥していることを確認してからクレンメをしっかりと閉め、栄養剤を入れてスタンドに下げた。滴下筒内の栄養剤が落ちているかを確認し滴下を調節した。

> **記録のポイント**
> 胃ろうの実施に際しての安全確認、手順に沿った準備についてなど、記録に書きます。

●喀痰吸引

　○○様の状態観察を行い、体位を安定させた。次に右手にディスポを装着し、吸引カテーテルを吸引機に接続し、喀痰吸引を開始した。○○様に「今から吸引をしますね」と声かけし、カテーテルを○○様の口腔内に挿入し痰の吸引を行った。「○○さん、呼吸は楽になりましたか」と声かけを行った。

> **記録のポイント**
> 医療的ケアを実施した時の本人の様子、スタッフの声かけの内容などを書きます。

●経管栄養

　介護スタッフが○○様の居室へ伺い、経管栄養の状況、ガートルの残量などを確認した。○○様は仰臥位で、安眠していた。

> **記録のポイント**
> 経管栄養について確認したこと、利用者の様子などを書きます。

3-17 家族との連絡のやり取り

家族との連絡や家族からの要望は、関係者間でしっかりと共有し合い、対応したことを介護記録に残しておくことが大切です。

観察ポイント

✱家族と利用者の関係性

- 意思疎通を図っているか
- 利用者の意向は尊重されているか
- 不適切なケアなどがないか
- 家族関係は良好か

✱家族の希望・要望

- どのような介護を希望しているか
- 希望を率直に吐露できているか

✱家族との関わりの様子

- 利用者の様子を家族へ報告しているか

- 本人の意向が家族へ伝わっているか

✱家族への対応

- 利用者と家族が納得できる介護方針を提案できているか

✱家族への連絡・説明

- サービス提供の説明と同意
- 日常のケアについての連絡と説明
- 家族は納得しているか

ここがポイント 家族との連絡のやり取りの記録

●利用者の意向と家族の要望のすり合わせ

 ○○様がリハビリをやめたいと言い出したが、家族はリハビリをやってほしいと強く望んでいるので、家族の意向を尊重し、そのままリハビリを継続することにした。

NGポイント 利用者の意向と家族の要望のすれ違いは、抽象的な書き方をすると大きな誤解に発展してしまいます。

 ○○様のリハビリの後で、居室へご案内する際に「もうリハビリをやめたい、疲れた」との訴えがあった。そこでご家族へ連絡すると、「どうしても続けてほしい、今よりも動けなくなったら、私一人で介護を続けられない」との要望だった。本人にもそのことを丁寧に説明し、リハビリを継続することを納得してもらった。

OKポイント 家族の要望もありのままに記録することが大切です。

●デイサービスの連絡帳（ご家族とのやり取り）

 本日は、午前中は入浴し、昼食を召しあがった後で、午後からはレクに参加した。いつも通り楽しそうに過ごしていました。

NGポイント 多忙でも家族に伝えるべき内容は、丁寧に書きましょう。

 本日は、笑顔で来所された。血圧、体温は別記の通り良好でした。午前に入浴し下着類を交換しました。昼食の際には山菜のおひたしを美味しく召し上がり、山菜採りに行った昔話をなさいました。午後からはレクリエーションに参加し風船バレーを元気に楽しみ、積極的に体を動かす様子が見られました。介護スタッフが転倒などないようそばで見守りを行いました。

OKポイント 家族には見せない利用者の様子は、連絡帳で情報共有することで、家族も安心して送り出すことができます。

3 そのまま使える場面別文例集

使える文例 ①デイサービス連絡帳

●リハビリパンツの交換

本日、入浴後に少量の便の付着があり、リハビリパンツを1枚使用させていただきました。ご本人様は気づいておられないご様子ですので、特にスタッフからは伝えておりません。何かご不明な点がありましたらご連絡をお願いいたします。

> **記録のポイント**
> デイサービス連絡帳は、ご家族とのやり取りの記録様式ですので、敬語を使用し丁寧に書きます。

●機関紙発刊のご案内

機関紙・春号のご案内です。○○様のデイサービスでの活動写真を同封させていただきました。この写真は、○○様が余暇活動で取り組まれた生け花を背景に撮られたものです。満面の笑みで楽しんでおられ、当苑もうれしい限りです。ぜひまた次回もスタッフ一同、○○様にお会いできることを心待ちにしております。

> **記録のポイント**
> 機関紙などの案内は、家族にとって活動風景を知ることができる大事な情報源です。スタッフとの意思疎通のよい機会にもなります。

●他利用者と交流

本日のレクリエーションの時間に、○○様が初めてご来所された利用者様と楽しそうに談笑されていました。当苑に溶け込めていないとご家族様も心配なさっておられましたが、少しずつ周囲の雰囲気に慣れてきたご様子で表情も明るくなってきました。今後も折に触れて活動の様子をお伝えさせていただきます。

> **記録のポイント**
> 家族が抱える心配ごとに配慮したコメントを書くことは、お互いの信頼関係の形成にとってとても大切です。

使える文例　②クレームの記録

●日中に午睡を取らせないでほしい

本日朝の送迎時、○○様の嫁より苦情があった。「以前から何度も午睡（昼寝）をさせないでほしいとお願いしているが、この前も母から昼寝をしたと言われた。夜に寝なくなるので止めてほしい」とのことで、非常にご立腹の様子だった。

記録のポイント
苦情は、どのような訴えなのか、詳しくその言動を書き残すことが重要です。

●スタッフの対応が不愛想で気分が悪い

今日の午後に娘が面会に来所された際に、対応したスタッフの対応がそっけなく不愛想だったとのクレームがあった。スタッフにも確認するが、いつもと同様の丁寧な対応であり心当たりがないとのことだった。クレーム当時、すぐには事実確認が取れなかったため、当日夕方に改めて電話にてご連絡し、本件を伝え苦情の詳細を伺った。

記録のポイント
クレーム発生後の対応をどのようにとったのか、時系列で整理して書きます。

●衣類の取り違え

「今日デイサービスに着ていった母のシャツが、別の人のシャツと取り違えられていた。入浴時にシャツを脱いで着替えた時に他の人のシャツと間違えてカバンに入れたのではないか」と○○様の息子から連絡があった。着脱を担当したスタッフから事実確認のため、一緒に入浴された△△様にも連絡したところ、誤ってカバンに入れたことを確認した。そのため改めてご連絡し深謝した。

記録のポイント
事実確認をどのように行ったのか、具体的に書くことが大切です。

3
そのまま使える場面別文例集

使える文例 ③面会の自粛に係る連絡

●新型コロナウイルス蔓延による面会自粛のお願い

平素より大変お世話になっております。□年□月□日より緊急やむを得ない場合を除きまして面会制限を実施させていただきます。利用者、ご家族の皆様には大変ご迷惑をおかけしますが、利用者の安全確保のため、ご理解、ご協力をお願いいたします。

面会を制限している間のご利用者の様子についてご不明な点がございましたら、お気軽にお問い合わせください。

> **記録のポイント**
>
> 新型コロナウイルス蔓延防止のためのご家族への連絡は、経過記録とは異なり相手に理解を得られるように丁寧な言葉で書きます。

●インフルエンザ・流行り風邪

□年□月□日に、特養ホーム入居者よりインフルエンザA型の感染を確認いたしました。つきましては、蔓延防止の対策として□月16日～20日までの5日間につき、ご面会を制限させていただきたく存じます。緊急を要する時は電話またはメールにてご連絡をお願いします。皆さまには大変ご迷惑をおかけいたしますが、何卒ご理解・ご協力のほどよろしくお願いいたします。

> **記録のポイント**
>
> 緊急時の連絡対応についてもひと言触れておくと、家族に対しても親切です。

第 4 章

これだけは知っておきたい
介護記録の
不適切語・要注意語

4-1 不適切語・要注意語

介護記録には、用いてはいけない言葉やちょっと配慮が必要な言葉などがたくさんあります。いつも何気なく書いているあなたの記録にもそれらの言葉があるかもしれません。

不適切語・要注意語とは何か

介護記録は、さまざまな読み手にとっての共通言語を用いて適切な文章で書く必要があります。しかし皆さんが書いている文章には、日記など私的文章ならば書いても問題はなくても、公的文書とされている介護記録には不適切な言葉があります。何気なく書いている文章にも、利用者に対する倫理的な面を鑑みると不適切な言葉や、その言葉だけ読んでも伝わりにくい要注意語が潜んでいるかもしれません。

筆者はこれらの言葉を総称して「タブー語」と呼んでいます。タブー語は、①普段着感覚の「おしゃべり語」、②実は注意が必要な「落とし穴語」、③職員目線で書く「スタッフ主体・主導語」、④相手をおとしめる「マイナス語」の4つに分けることができます。

普段着感覚の「おしゃべり語」

「おしゃべり語」は、話し言葉で書く感覚で、いつでもどこでも書いてしまう言葉で、読み手である専門職にも大きな影響を与えます。時の流行語を巧みに使う若者などにはニュアンスが伝わるかもしれませんが、すべての世代での共通言語とは成り得ません。誤解を与えることもありますし、正確な語源がハッキリしないため、抽象的で情報が伝わりません。

介護専門性から考えて、ふさわしくない言葉や文章

抽象的で情報が伝わらない文章

エビデンスが曖昧に書かれた文章

超○○　　　　○○っぽい　　　　マジで

パニクる　　　　　　ヤバい

実は注意が必要な「落とし穴語」

　「落とし穴語」は、普段介護記録にもたびたび書かれている馴染みある言葉かと思います。もちろん筆者も介護記録によく書きます。この言葉は使用することが NG なのではなく、使用する時には具体的な説明書きも添える必要があるなど、**意味の伝わり方に配慮が必要な言葉**だということを理解しておく必要があります。

読み手（利用者・家族他）に誤解を与える言葉や文章

使い方に注意が必要な言葉や文章

声かけ　　　　　　　　○○の様子

　　変わりなし　　　　　　　　参加する

4

これだけは知っておきたい介護記録の不適切語・要注意語

職員目線で書く「スタッフ主体・主導語」

　「スタッフ主体・主導語」は、措置時代のころから使用されてきた形跡があります。介護保険制度が利用者や家族にも理解が深まったことで、契約による対等な関係づくりが進み、これらのいわゆる上から目線の言葉の使用に違和感が出てきたということだと思います。

　これらの言葉は、倫理的に適切ではなかったり、利用者に対して指示しているような誤解を与えるなど、**介護スタッフと利用者の援助関係がぎくしゃくしてしまう可能性をはらむ不適切な言葉である**ということを知っておく必要がありそうです。

① 倫理的にふさわしくない言葉や文章
② 指摘・叱る・とがめる・詰問するような言葉
③ 指示や指図・命令・強要・強制するような言葉
④ 相手を急かしたり、人格を評価するような言葉
⑤ 相手を無視する・受け入れを完全拒否する言葉
⑥ 禁止する・否定する言葉

促す　　暴言を吐く　　誘導する

暴力

○○してしまう　　拒否　　抵抗

相手をおとしめる「マイナス語」

「マイナス語」は、重度の要介護者や認知症の利用者に対して使用してしまうことが多い言葉です。たとえ相手が認知症で、自身の置かれている状況を的確に捉えることが困難であったとしても、これらの不適切な言葉を用いることは、倫理的な側面から考えても控える必要があります。多忙な業務に追われるなかで、イライラした感情が高まってしまい介護記録に自分の感情をつい書いてしまうということも考えられますが、読み手である利用者・家族、そして専門職にとって、誤った解釈をされてしまう危険性があるため、介護記録には使用できないタブー語となっています。

倫理的にふさわしくない言葉や文章

子供扱い・能力が劣っているなどの自尊心を傷つける言葉

鈍い / とろい

わがまま

わけがわからない / 意味不明

能力がない

頑固

また○○する

4

これだけは知っておきたい介護記録の不適切語・要注意語

普段着感覚の「おしゃべり語」

普段無意識のうちに口をついて出る言葉を、そのまま介護記録に書いてしまうと、意図しない誤解を読み手に与えてしまうこともあります。

●●● キーワード ①：○○っぽい

●不適切記録の文例

| NG文例 1 | A 様は怒りっぽいところがある。 |
| NG文例 2 | B 様は、いつも理屈っぽいことを話します。 |

解説 どこが、なぜ悪いのか？

「〜っぽい」という言葉は、「その傾向が強い」「そうらしい」というニュアンスで使用することが多いと思います。

NG文例 1 「A 様は怒りっぽい」という記録に対して、「本当に短気な人なのですか」と問われた場合、はっきりと「はい、短気な人です」と断言できるでしょうか。「怒りっぽい」という表現は、今その人が怒っているという様子を伝える文章ではなく、「A 様は短気な人格」というレッテルを本人に貼り付けてしまうニュアンスを含んでいます。

NG文例 2 「理屈っぽい」という表現は、B 様にはいろいろこだわりがあることを指しているのだと思いますが、その意味を超え「B 様は関わるといろいろと言い返してくる面倒な人」というニュアンスが含まれているように感じられます。これも単に今の状況を表記したつもりが、B 様の人格をおとしめる危険がある表現になっているため、不適切な書き方です。

●本来の意味・適切な使い方　　　　（引用元：小学館『デジタル大辞泉』）

【○○ぽい】
［接尾］《形容詞型活用》名詞や動詞の連用形などに付く。
1　…を多く含んでいるという意を表す。「粉—・い」
2　…の傾向が強いという意を表す。「俗—・い」「飽き—・い」「荒—・い」

●適切な記録への書き換え例の提案

OK文例 1　A 様は「ホールのテレビがうるさい」と怒っている。
OK文例 2　B 様は、「介護士さんが嫌いなのではない。ただもう少
し話を聞いてほしいだけなんだ。わかってくれるかね C さん」と
話していた。

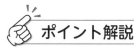

ポイント解説

　介護記録を書くときは「〜っぽい」という表現ではなく、事実をありのま
まに書くことが重要です。利用者とのやり取りの様子や観察から得られた気
づきをそのまま書くようにします。その際に利用者と会話などをしたのであ
れば、直接話法で会話をそのまま書くことで、読み手に情景が伝わります。
　修正前と修正後の文章を比較してみると、イメージのしやすさに違いがあ
るのがわかるでしょうか。修正後の文章は、利用者に個人的な評価を下し、
レッテルを貼るような表現になってはいません。あくまでも関わった瞬間の
やり取りを愚直に書いているという点が大事であると思います。

これだけは知っておきたい介護記録の不適切語・要注意語

･･･ キーワード ②：マジで

●不適切記録の文例

> NG文例1　A子さんは、マジでそのようなことを話しているのか
> わかりませんが、とにかくもの凄い剣幕で大声を出していました。
> NG文例2　BさんがCさんに詰め寄り、「ここはワシの席じゃ」と
> 勘違いされ怒り出した。スタッフがBさんに説明を行うが、Bさ
> んはマジで許せないのか一向に引き下がろうとしない。

解説　どこが、なぜ悪いのか？

　介護記録は利用者ご自身も情報開示を求め、記録を読むことができます。日常会話で使用する言葉はその世代を物語るように、それぞれの時代背景と結びついています。ただし介護記録は、基本的にどんな立場や世代の関係者が目を通しても、適切に当時の状況が理解でき、誤解なく情報が伝わる必要性があります。介護記録を書くときは、世代間で解釈に誤解を招く言葉を用いないことが重要です。

　「マジで」という言葉について、介護スタッフの皆さんから「この言葉は記録に使用してもいいですか？」などの質問をもらうことがあります。この「マジで」は、広い世代に適用している言葉ではありますが、俗語（略語）ですので、不適切語ということになるでしょう。

●本来の意味・適切な使い方　　　　　（引用元：小学館『デジタル大辞泉』）

> 【まじ】
> ［形動］《「まじめ」の略》本気であるさま。本当であるさま。「まじな話」「まじ、うざい」→がち
> ［類語］まじめ・真剣・本気・がち。

●適切な記録への書き換え例の提案

> **OK文例1**　A様は、<u>本気で</u>そのようなことを話しているのかわかりませんが、とても怒って興奮しながら、大きな声で話していました。
>
> **OK文例2**　B様がC様に詰め寄り、「ここはワシの席じゃ」と怒り出した。スタッフがBさんにここがCさんの席であると説明するが、B様は<u>その後も許すことができずにいた</u>。

ポイント解説

> **OK文例1**　「マジで」という言葉ではなく、「本気で」と修正しました。「本気で」と表記することで、読み手に正確に真意を理解してもらうことができます。
>
> **OK文例2**　この文章の「マジで」は「本当に」という意味で使用しているのだと思います。ですから「本当に許せないのか」としてもよいと思いますが、さらに整理し「その後も」とすることで、相手が理解しやすい書き方になりました。

キーワード　③：パニクる

●不適切記録の文例

> **NG文例1**　A様がお風呂から上がったため、ホール担当スタッフが脱衣場まで介助に向かったところ、A様が「この籠の中に入れていた腕時計がなくなった」と<u>パニクって</u>いた。着脱担当のスタッフが、A様のズボンの中から発見し、一件落着。
>
> **NG文例2**　B様が「そこに刀を差したお侍さんが立っている、怖

いので何とかしてほしい」と話す。「ほら、こっちを向いてジッと
睨みつけてくる。助けてくれ」と<u>パニクっている</u>ので、スタッフ
が「わかりました、何とかしてみますので、B様はお席をあちら
の方に移動してください」と声かけを行った。

解説　どこが、なぜ悪いのか？

　「パニクる」を使用した介護記録は、利用者やご家族にどのような感情を
抱かせることになるのでしょうか？

　「パニクった」は名詞の「パニック」を日本語として動詞化した語句で、
もともと正しい日本語ではありません。「○○様が〜でパニクっている」と
いう記録は、慌てているということはわかりますが、そこにいた介護スタッ
フは、慌てて混乱している利用者を冷静に眺めながら、面白がっているので
はないかと誤解を受けます。もしそうだとすれば利用者の人格をおとしめる
言葉となりますので、使用は不適切だと考えられます。

●本来の意味・適切な使い方　　　　　　　　（引用元：三省堂『大辞林 第三版』）

【パニクる】（動ラ五）〔名詞パニックを動詞化した語〕
突発的な出来事に頭の中が混乱する。パニック状態に陥る。

●適切な記録への書き換え例の提案

OK文例1　A様がお風呂から上がったため、ホール担当スタッフ
が脱衣場まで介助に向かったところ、A様が「この籠の中に入れ
ていた腕時計がなくなった」と<u>焦ったように</u>話す。着脱担当のス
タッフが、A様のズボンの中から発見したので、「Aさん、ありま
したよ。よかった！」と答える。
OK文例2　B様が「そこに刀を差したお侍さんが立っている、怖
いので何とかしてほしい」と話す。「ほら、こっちを向いてジッと

睨みつけてくる。助けてくれ」と動揺しているので、スタッフが「わかりました、何とかしてみますので、B様はお席をあちらの方に移動してください」と声かけを行った。

ポイント解説

「パニクる」の部分を他の言葉に置き換えて書いていくことで、伝わる文章に改善することができます。

OK文例1 については、「焦ったように」という言葉に置き換えられますし、OK文例2 では「動揺している」に置き換えて表現することができます。どの言葉に換語するかは、状況によって異なりますが、冷静に考えてみると、換語した文章のほうが「パニクる」よりも情景がイメージしやすく、解釈しやすくなっていると思います。

キーワード ④：超○○

●不適切記録の文例

NG文例1 本日、園児がボランティア来所し、歌を披露してくれました。利用者の山田さんは、歌声を聴いて超感動し、「小さいのに感心な子たちだ、上手だね」と話しながら涙を流していました。

NG文例2 B様と一緒に年末の紅白歌合戦を観た。その時B様から「今年も1年ありがとう。Cさん（介護スタッフ）のおかげだよ」と言われ、超うれしかった。

解説　どこが、なぜ悪いのか？

　介護記録は利用者と接するなかでそこから得られた様子を書いています。スタッフは利用者と共感し合うことで、時には相手のことを自身の感情に任せて受け止めてしまうこともあると思います。しかし受け止めた相手の様子を感情に身を任せて介護記録に書いてしまうと私情や所感も入り込んでしまい、適切な書き方とは言えなくなります。

> **NG文例 1**　「超○○」は、本来の接頭語や接尾語として使用する分には構いませんが、○○を強調する言葉として使用しているならNG ということになります。これは俗語であって、すべての世代に共通するものではないため、重要な記録物に使うのは不適切と言えるでしょう。
>
> **NG文例 2**　「超うれしい」は、直接話法で書かれているエピソード型介護記録ではつい書いてしまいそうですが、もう少し丁寧な表記が望ましいです。

●本来の意味・適切な使い方

> ①接頭語としての使用例……超音速、超人、超軽量、超能力
> ②接尾語としての使用例……100km 超のスピード
> ③流行語としての使用例……超（チョー）かわいい、超悔しい思い、超早い、超面白い

●適切な記録への書き換え例の提案

> **OK文例 1**　本日、園児がボランティア来所し、歌を披露してくれました。利用者の山田さんは、歌声を聴いて非常に感動し、「小さいのに感心な子たちだ、上手だね」と話しながら涙を流していました。
>
> **OK文例 2**　B 様と一緒に年末の紅白歌合戦を観た。その時 B 様から「今年も 1 年ありがとう。C さん（介護スタッフ）のおかげだよ」

と話した。介護スタッフが<u>「ありがとう、とてもうれしいです」</u>
<u>と返事を返す</u>と、B様はニッコリとほほ笑んだ。

ポイント解説

「超○○」の部分は、介護スタッフの想いが私情として書かれているため、
もう少し客観視した表現に修正したほうがよいでしょう。

> **OK文例 1** 「超感動し」を「非常に感動し」と書き換えました。こ
> れだけで、意味を変えずに表現のみ丁寧な言葉に修正できました。
> **OK文例 2** 「超うれしい」については、B様の言動を受けて、介護
> スタッフがとった対応内容を書きます。うれしかったその中身は、
> 『「ありがとう、とてもうれしいです」と返事を返す』という表現
> に修正しました。さらにB様のその後の様子も加筆するとなおよ
> いでしょう。

●●● キーワード ⑤：ヤバい

●不適切記録の文例

> **NG文例 1** Aさんが隣の席のBさんに話しかけるも、何も返事を
> しなかったため、Aさんが「Bさんに無視された」と激しい口論
> になり本当に<u>ヤバかった</u>。
> **NG文例 2** Cさんがレクの時間にタコ焼きを作ってくれる。他利
> 用者が「Cさんは、やっぱり料理人をしていたから上手ね」と話
> している。介護士さんも一つどうぞとCさんが差し出すので、味
> 見をすると本当に<u>ヤバい</u>美味さだった。

解説　どこが、なぜ悪いのか？

「ヤバい」という言葉は、広く会話の中で使用される言葉です。利用者の人格や印象を悪くし、おとしめてしまったり、目上の人や敬意を表すべき相手に対して失礼だというマイナスのイメージを抱かせる語句ですが、最近若者の間では、「これ旨い。やばい！」など、感動詞としてプラスの意味で使われることもあります。しかし、「ヤバい」を肯定的な意味で使うのはごく狭い世代に限られており、他の世代にはそのようには解釈できないと考えられますので、介護記録に書くのは不適切な言葉ということになります。

●本来の意味・適切な使い方　　　　　（引用元：三省堂『大辞林 第三版』）

【やばい】（形）〔「やば」の形容詞化。もと、盗人・香具師（やし）などの隠語〕
①身に危険が迫るさま。あぶない。「—・いぞ、逃げろ」
②不都合が予想される。「この成績では—・いな」
③若者言葉で、すごい。自身の心情が、ひどく揺さぶられている様子についていう。

●適切な記録への書き換え例の提案

OK文例1　Aさんが隣の席のBさんに話しかけるも聞こえないご様子のため、返答がないことに「無視された」とご立腹される。スタッフがAさんに「いまBさんに私がお聞きしてみますね」と声かけを行う。スタッフが「Bさん。Aさんが、お話があるそうですよ」と右側からゆっくりと伝える。

OK文例2　Cさんがレクの時間にタコ焼きを作ってくれる。他利用者が「Cさんは、やっぱり料理人をしていたから上手ね」と話している。「介護士さんも一つどうぞ」とCさんが差し出すので味見をしてみる。スタッフが「Cさん、すごく美味しいです。作り方のコツを教えてほしいくらい……」と返答した。

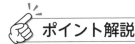
ポイント解説

OK文例 1　OK文例 2　ともエピソード型記録という書き方です。「本当にヤバかった」は、スタッフの感想であって、所感を介護記録に書くのは適切ではありません。そこで利用者の行った介護内容と、利用者の生活の様子をそれぞれ2文で書くとすっきりした文章になります。「Cさんが〜をしてくれる」「スタッフは〜を行った」と2文に分けて書くことで読み手の誤解を回避でき、伝わりやすい記録になります。

これだけは知っておきたい介護記録の不適切語・要注意語

4-3 実は注意が必要な「落とし穴語」

使用しても間違いではないものの、使い方を誤ると、活かすことのできないもったいない介護記録になってしまうワードがあります。

●●● キーワード ① : 様子

●不適切記録の文例

> **NG文例1** Aさんは来所してすぐ、Bさんと口論になっていた。その後、帰宅するまでAさんは様子が変だった。
>
> **NG文例2** 今日は午後からコーラスのボランティアが来苑する。Aさんは楽しんでいた様子。

解説 どこが、なぜ悪いのか？

介護記録として文章に残すということの目的は、利用者とのやり取りや観察したことを情報として共有し合うことです。実際にその場面にいたスタッフなら、「様子」とだけ書かれた記録を読んでも、どのような状態かがわかるかもしれませんが、第三者には、何のことかまったく理解できません。

記録を読んで知りたいのは、「どのような様子」であったのか、ということに他なりません。忙しい中で記録するのは煩わしいと感じるかもしれませんが、「様子」の中身を具体的に書く必要があります。

> **NG文例1** どのように様子が変だったのか。スタッフはAさんのどのような仕草や表情を見て、いつもと違うなと感じたのかということです。

182

NG文例 2 　どのように楽しんでいたか、あるいは楽しそうだと感じ
たエピソードなどを具体的に書くとよいでしょう。

●本来の意味・適切な使い方　　　　　　　（引用元：小学館『デジタル大辞泉』）

【様子】
1　外から見てわかる物事のありさま。状況。状態。
2　身なり。なりふり。「―のいい人」
3　態度。そぶり。「悲しそうな―をする」

●適切な記録への書き換え例の提案

OK文例 1 　Aさんは来所してすぐ、座席をめぐりBさんと口論に
なっていた。普段はにこやかに他利用者と話をするAさんが、帰
宅するまで誰とも話をせずに過ごしていた。

OK文例 2 　今日は午後からコーラスのボランティアが来苑する。A
さんはコーラスの歌に合わせて一緒に口ずさむなど、楽しそうに
過ごしていた。

ポイント解説

「様子」という言葉自体には、具体的に読み手に伝わる情報は含まれてい
ないため、様子の内容を必ず書き足すことを意識し、介護記録を書くように
するとよいと思います。

OK文例 1 　まずどのようなことで口論になったのかを明らかにし
ます。そして、どのように様子が変だったのか、観察から得られ
た情報を具体的に書きます。普段と様子が違うわけですから、「普
段は〇〇するが、今日は××だった」と普段の様子と比較して書

4

これだけは知っておきたい介護記録の不適切語・要注意語

くと、より違いがわかりやすくなります。

OK文例 2 　スタッフから見て楽しそうに感じた仕草や表情を書きます。「ニコニコする」「笑顔で」「隣の人と話をする」などいくつか楽しそうな様子を表現する書き方があります。

••• キーワード ②：参加する

●不適切記録の文例

NG文例 1 　今日は、Aさんは、午後は他利用者と一緒にレクに参加して楽しそうにしていた。

NG文例 2 　本日はボランティアの訪問があったため、ホールへ移動してBさんも行事に参加した。

解説　どこが、なぜ悪いのか？

「参加する」という表現は、その言葉のみ書いただけでは、どのように参加したのか、様子が読み手に伝わりません。もし参加したか否かを記すだけであれば、文章ではなく「□参加　□不参加」のようなチェック式で書いているのと同じことです。

「参加した」だけではなく、どのような支援により本人が参加できているのかを、もっと具体的に書く必要があります。例えば、全介助や半介助・一部介助・見守りなど、介護スタッフの介護内容を加筆するだけでも、利用者自身がどのように余暇活動に参加したのか少し具体的に伝わるようになります。利用者は、たとえ元気そうに見えたとしても、決して一人で生活を行うことはできません。少なくとも見守りを要するという状態像ですので、必ず利用者とスタッフの介護が存在するのです。「参加」という言葉を使用することがいけないのではなく、参加の中身をもう少し可視化する必要があるということに注意しながら、利用者の状態を記録に書いていきましょう。

●本来の意味・適切な使い方

（引用元：小学館『大辞泉』）

【参加】［名］（スル）
1　ある目的をもつ集まりに一員として加わり、行動をともにすること。
2　法律上の関係または訴訟に当事者以外の者が加わること。「訴訟—」

●適切な記録への書き換え例の提案

> **OK文例 1**　Aさんは、午後からレクに参加し風船バレーを笑顔で楽しんでいました。スタッフが、Aさんの頭上に風船を上げると、真剣そうに右手で打ち返していました。
>
> **OK文例 2**　本日10時にボランティアの訪問があった。Bさんも車いすへ移乗して居室からホールへ移動し演奏会に参加した。Bさんはジッと懐かしい唱歌や童謡の演奏を聴き入って目にうっすら涙が滲んでいた。介護スタッフが後からどうだったかお聞きすると、とても懐かしかった、親と暮らしていた頃を思い出したと話した。

ポイント解説

どちらの文例も、どのような「参加」だったのかが大事です。介護スタッフが行った介護や利用者が参加したレク、行事で本人がどのような表情を浮かべたのかなどを書きます。

> **OK文例 1**　レクをより具体的に風船バレーとし、スタッフがしたこと、Aさんの真剣そうな表情が具体的に理解しやすい文章に修正されています。**NG文例 1** とさほど文字数も変わりはありませんが、これだけの修正であっても、**OK文例 1** のほうが読み手に詳細に情報が伝わる介護記録になったことがわかります。
>
> **OK文例 2**　演奏会に参加したことで、懐かしい親の話が引き出せ

ています。介護スタッフは、そのような日々のコミュニケーションによって、利用者の情報を集積し介護記録に残すことがとても重要です。

....キーワード ③：声かけ

●不適切記録の文例

NG文例 1　Ａさんをトイレ誘導する。声かけを行いながら排泄ケアを行った。

NG文例 2　Ａさん、来苑するなり睡眠不足を訴え機嫌が悪い。しばらくしてスタッフが声かけすると、Ａさんはニッコリ笑みを返した。

解説　どこが、なぜ悪いのか？

「声かけ」という言葉は、介護現場で何か合言葉のように浸透していると思います。この言葉を介護記録に書くこと自体は問題ありませんが、少々注意する点があります。介護を行うということは、利用者の状況をみながら一瞬の判断を行うということです。これを個別ケアと言いますが、そこには利用者に合わせた適切な「声かけ」があります。介護スタッフが記録に残すべき内容は、利用者とスタッフとのやり取りの様子ですから、どのような「声かけ」をしたかということがとても重要です。もしかすると声かけの内容によって利用者のリアクションが変わるかもしれません。介護記録に書いてあれば、それを後から検証することもできます。

NG文例 1　「声かけを行い…」という部分にスタッフが実際に話した会話文を入れてください。そして、利用者の反応や言動が確認できれば、それを続けて書きましょう。

> NG文例2　不眠だった利用者にスタッフが声かけをしたところ、笑みを浮かべたのですから、読み手は、どんな言葉をかけたのだろうと知りたくなるはずです。そのスタッフの言動を一言加筆することが大事です。

●本来の意味・適切な使い方　　　　　　　　　（引用元：小学館『大辞泉』）

> 1 声を掛けること。挨拶をしたり安否を問うたりすること。「―運動」→呼び掛け
> 2 会合などに誘ったり、役職への就任などを打診したりすること。

●適切な記録への書き換え例の提案

> OK文例1　Aさんをトイレにご案内する。「お手伝いしますね。ズボンをおろしていいですか」と声かけを行う。ズボンのボタンをうまく外すことができずにいるため、スタッフが手伝うと、ご自身でおろして排泄を行う。
>
> OK文例2　Aさんは、来苑して間もなく「昨夜はあまり寝られなかった」と話し、不眠のため機嫌が悪い。しばらくしてスタッフが「ご気分はどうですか。お茶をお持ちしましたよ」と声かけを行うと、Aさんは、「皆さんの顔を見たら少し落ち着きました」と笑顔を見せた。

✍️ ポイント解説

　OK文例はどちらもエピソード型記録に修正してみました。会話を入れることで利用者・スタッフの両者のやり取りが、物語のように見て取れると思います。エピソード型記録では、利用者のある出来事を切り取り、利用者に合わせて行っている個別ケアの留意事項や、スタッフがここだけは他スタッフに伝えたいと思う印象的な部分を重要ポイントとして書きます。

OK文例1 　声かけの具体的な内容を書くことで、利用者とどのような「合意形成」を図ったのか、とても重要な記録となっています。

OK文例2 　声かけの内容を書くことで、スタッフが行った介護の可視化に繋がっています。声かけとだけ記録に書いてしまうと、肝心のスタッフのアクションが抽象的になりすぎて、今後の参考になりません。実際に行った声かけ（Do）は、その内容を書いてこそ、"記録"になるのです。

●●● キーワード ④：変わりなし

●不適切記録の文例

NG文例1 　A様は、日中は特に変わりなく過ごされた。夕食の副食を半分残されたため声かけするが、異変なかったことからそのまま居室へ誘導し、ベッドで休んでいただいた。

NG文例2 　B様の脱衣介助を行い、浴室まで移動。その後、スタッフが一部介助にて洗身洗髪し浴槽に浸かった。スタッフが見守りするが、特に変わりないご様子だった。

解説 　どこが、なぜ悪いのか？

　介護記録でよく見かけるのが「変わりなし」という表現です。もしかすると皆さんも心当たりがあるのではないでしょうか。実はこの「変わりなし」は注意が必要な言葉のひとつなのです。介護記録とは、第1章でも述べてきたように、文字で残すことで専門職としてサービス提供に活かすことが目的です。ところが「変わりなし」という言葉は、どのように変わりないのか、まったく内容が伝わらず、データを積み重ねることの意味もなくなってしまいます。介護記録には「変わりなし」と書くのではなく、その変わりない様子を具体的に書いてください。

> NG文例1　A様の様子は、実際に関わった介護スタッフであれば、「変わりなく過ごされた」と書いてあってもイメージできると思いますが、読み手には、どのようなことをして1日過ごしたのかまったくわかりません。
>
> NG文例2　利用者に異変などもなく、静かに過ごしたということだと思いますが、その「変わりない」の中身が知りたいのです。もし変わりないのであれば、毎日その同じ様子を具体的に書きましょう。

●本来の意味・適切な使い方　　（引用元：小学館『デジタル大辞泉』）

> 【変(わ)り】
> 1 物事の状態が移り変わること。変化。「病状に—はない」
> 2 普段と違った状態。異状。変事。「お—ありませんか」
> 3 物事の間の違い。相違。差異。「どう転んでも大した—はない」

●適切な記録への書き換え例の提案

> OK文例1　A様は、日中はソファに座りテレビを見たりうたた寝したりして過ごした。夕食の筑前煮を半分残されたため、「もうお腹いっぱいですか」と声かけすると、うなずくので、そのまま居室までご案内し、ベッドで休んでいただいた。
>
> OK文例2　B様の脱衣介助を行い、介護スタッフと浴室まで手引き歩行で移動した。その後、B様が自身でタオルを使用して顔を拭いた。残りはスタッフが洗身洗髪した後、浴槽に浸かった。スタッフが安全確認のため見守りするなか、B様は気持ちよさそうに湯に浸かっていた。

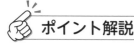

ポイント解説

　「変わりなし」の中身を具体的に意識して書くことで、毎日積み重ねた介護記録の振り返りをした際に、関わった当時には気づかなかった中期的な時間経過から見えてくる気づきを得ることができます。

OK文例1　「変わりなく」の部分を「ソファに座りテレビを見たりうたた寝したり」と具体的に修正しました。これでA様が日中どのようにして過ごしていたのか、本人に関わっていない読み手にも伝わる文章になりました。

OK文例2　B様が浴槽に浸かっている間の見守りですので、具体的に「安全確認のため見守り」としました。そのうえで見守りの際に「気持ちよさそうに湯に浸かる」というB様の様子を加筆しました。これで読み手にもイメージしやすい文章になりました。

4-4 職員目線で書く「スタッフ主体・主導語」

　利用者を介護するうちに、つい管理的な意識となってしまい、職員目線で利用者に接してしまうことがあります。その意識は介護記録にも表れてしまいます。

キーワード ①：暴言を言う

●不適切記録の文例

> **NG文例 1**　Aさんの脱衣介助を行う。スタッフが、上着に手をかけると大きな声で暴言を吐いた。
> **NG文例 2**　送迎でお伺いした際に、Bさんは亡くなった旦那様のことを駅まで迎えに行かなければならないと暴言を話した。

解説　どこが、なぜ悪いのか？

　介護記録に「暴言」と書かれているのを時々みることがあります。**NG文例 1** は、介助の妨げになるような予期せぬ発言をされたため、スタッフ側からみたまま解釈して、「なんという乱暴な言い方をして……」というような意味で「暴言を吐く」と書いています。

　NG文例 2 は、認知症の利用者が現実ではないことを話されたため、それを「暴言」と表現しています。もちろん認知症をよく理解していれば、**NG文例 2** のようなことを突然話されたとしても、まったく予期せぬ事態というわけではないと思いますが、記録としては「暴言」と書いてしまうわけです。スタッフからみれば暴言かもしれませんが、利用者は葛藤の中でおそらく夫の迎えに行かなけれ

4 これだけは知っておきたい介護記録の不適切語・要注意語

ばならないと考えているのです。ですから暴言と書くのは、利用者に向き合ってケアを行っていないことにもなり、誤った表現と言えるでしょう。

●本来の意味・適切な使い方　　　（引用元：小学館『デジタル大辞泉』）

暴言……礼を失した乱暴な言葉。無茶な発言「逆上して暴言を吐く」

●適切な記録への書き換え例の提案

OK文例1　Aさんの脱衣介助を行う。「お風呂に入りますよ」と言いながら、上着に手をかけると「止めろ、触るな」と大きな声で話した。

OK文例2　スタッフが送迎でお伺いし「デイサービス○○園です、お迎えに来ました」と声かけすると、Bさんは亡くなった旦那様のことを「今から夫を駅まで迎えに行かなければならないので、済みませんがお引き取りください」と話した。

ポイント解説

暴言と表記していた部分には、それぞれの利用者の意思があるはずです。その言動を丁寧に介護記録に書くことで、介助しているときは暴言のように思えたとしても、記録の振り返りにより利用者の意向（デマンド）がわかるかもしれません。

OK文例1　「止めろ、触るな」と本人が発した言動を加筆しました。上着の脱衣介助を行おうと介護スタッフが上着に手をかけた時の発言ですので、脱衣したくない、あるいは場の状況をまだ飲み込めずに不安になっている、という本人の意思と受け取ることができそうです。

> OK文例 2　認知症の BPSD の状況をどのように記録に記すかということになります。現実にはいないはずの夫を迎えに行くという言動を暴言と書かずに、B さんが描いている "世界" をありのままに表記することで、利用者の精神も可視化できるようになります。

「暴言」という表記は、やはり介護スタッフからみた一方向的な捉え方だったことが「NG 文例」と「OK 文例」の比較からも読み取れると思います。

●●● キーワード ② ： 促す

●不適切記録の文例

> NG文例 1　食事介助を行う。A さんがご飯ばかり食べているので、副食やみそ汁も食べるように促した。
>
> NG文例 2　昼食後、午睡（昼寝）の前にトイレに行くように促すが、どうしても本人が行きたくないと話す。

解説　どこが、なぜ悪いのか？

　介護保険以前の介護は、スタッフが利用者に対して処遇するものという考え方をする人がたくさんいました。「促す」という言葉には介護者が行為を仕向けるという意味があるのです。

　高齢者介護は、一人では生活しづらさがある部分を支援しつつ、利用者個々が自分の考え方を自己実現し、人生を織りなすことができるようにサポートするという関わり方であり、これを「自立支援」と言います。あやつり人形のように仕向けて「させる」という意に取られないためにも、「促す」という言葉の使用には注意しましょう。

> **NG文例1**　記録者には仕向けるという意図はないかもしれませんが、副食やみそ汁を摂取しなさいといわんばかりの圧力を感じざるを得ません。もう少しソフトな表現のほうがよいでしょう。
>
> **NG文例2**　トイレに行くように「指示する」という意味が含まれているように感じます。文章は読み手によって理解のしかたが異なるため、誤解のないようにします。

●本来の意味・適切な使い方　　　　　（引用元：小学館『デジタル大辞泉』）

> 動詞
> ①物事を早くするようにせきたてる。また、ある行為をするように仕向ける。催促する。
> 「促されてようやく席を立つ」「注意を促す」
> ②物事の進行をすみやかにさせる。促進する。
> 「新陳代謝を促す」「町の発展を促す」

●適切な記録への書き換え例の提案

> **OK文例1**　食事介助を行う。Aさんがご飯ばかり食べているので、「副食やみそ汁も召し上がってください」と声かけし、器の配置を少し移動しました。Aさんは、副食も召し上がっていました。
>
> **OK文例2**　昼食後、午睡（昼寝）の前に「トイレに行きましょう」とスタッフがBさんをお誘いしました。Bさんがスタッフについてトイレに行きました。

ポイント解説

　スタッフの主導語になっていた「促す」という言葉を、他の言葉に置き換えて書くことで、もう少し利用者に配慮ある文章に修正することができます。

> OK文例1 スタッフが介助した内容とＡさんの様子を2文に分けて書き、促すを『「召し上がってください」と声かけ』…と修正しました。それによってスタッフの狡猾的な印象も薄れたのではないでしょうか。
> OK文例2 同様に、2文に分けて書きました。促すを「お誘いする」に書き換えたことで、利用者自身の意思決定の機会ができ、スタッフが介助した部分も明確に表記されました。

キーワード③：拒否

●不適切記録の文例

> NG文例1 Ａさんをお誘いするが、入浴拒否。声かけにて気をそらせながら何とか脱衣介助を行う。
> NG文例2 介護スタッフが「Ｂさん、歯磨きしましょう」と話すが、それを拒否し絶対に口を開けない。

解説 どこが、なぜ悪いのか？

　スタッフがスケジュールに沿って利用者を動かそうなどと考えた矢先に利用者から「No」を突きつけられると、やはり困りますよね。「拒否」という言葉は、そのようなスタッフの心の様子が見て取れる表現なのだと思います。利用者からすれば、何らかの理由があって「今日は、入浴は控えたいな」と考えているかもしれません。いずれにしても利用者が行っている行為には理由がありますから、「拒否」という一方的な表現は、介護記録として不適切です。

NG文例1　入浴を拒否したという状況を書いた介護記録ですが、拒否と書いてしまうと、あたかも入浴することが前提としてあり、介護スタッフの誘いに従わなかった利用者側に非があるような誤解を与えかねません。利用者本位という考え方からすると、「拒否」と書くことは、スタッフ本位の解釈と思われる危険があるため、注意が必要です。

NG文例2　歯磨きのため口を開けるようにお願いしたが、開けてくれなかったという状況ですが、これも上記と同様に、利用者には開けない理由があるかもしれませんので、「拒否」という言葉のみ使用するのは控えたほうがよさそうです。

●本来の意味・適切な使い方

（引用元：小学館『大辞泉』）

［名］要求や提案を聞き入れないで断ること。拒絶。「立ち退きを—する」

●適切な記録への書き換え例の提案

OK文例1　スタッフが「Aさん、お風呂ですよ」と声かけをするが、Aさんは「今日は入らん」とスタッフの手を振り払いました。「そういえばお風呂の後の昼ごはん、Aさん楽しみにしていたキノコご飯ですよ。早く入ってしまいましょう。お手伝いしますね…」スタッフは声かけしながら、脱衣介助を行いました。

OK文例2　介護スタッフが「Bさん、歯磨きしましょう」と声かけする。しかしB様は歯ブラシを手に持つが、歯磨きをせずにそのままジッと立ちつくしていた。

 **ポイント解説**

「拒否」した場面の様子を、スタッフと利用者それぞれの立場からエピソード型記録で書きます。拒否という介護スタッフ側からみた一方向の表記ではなく、利用者のしたこと、介護スタッフがしたことを分けて書くと、整理がついた文章になります。

OK文例 1　「拒否」の表記を、利用者の言動としてありのままに書くと、「今日は入らん」とスタッフの手を振り払い、となります。それに対して介護スタッフがとった対応も会話文にすると、理解しやすい文章になります。

OK文例 2　利用者・介護スタッフの両者を1文で書いているため、利用者の様子も介護スタッフ側に傾斜した表現になってしまいました。そこを2文に分けることで、B様を主体とした文章で表記し直しました。また「拒否」の部分は、観察したままの様子として、「ジッと立ちつくす」と言葉を置き換えてみました。

●●● キーワード ④：誘導する

●不適切記録の文例

NG文例 1　Aさんの食事介助を行う。Aさんは昼食を食べ始めて間もなくソワソワし始めた。介護スタッフが「Aさん、どうされましたか」と尋ねると、急に席から立ち上がるので、尿意があると思いトイレ誘導を行った。

NG文例 2　今日もBさんは入浴拒否がある。何度かお風呂に入るように声かけするが、「絶対に入らない」と言い、介護スタッフの腕を振り払う。何とか声かけを行いながら、脱衣場まで誘導することができた。他利用者が気持ちよさそうにお風呂に入っている様子を見た途端、「私も入る」と話した。

解説　どこが、なぜ悪いのか？

「誘導」は、避難など有事の際は別として、利用者・家族によっては不愉快な感情を抱かせる言葉ということになるかもしれません。つまり、介護スタッフの優位性が感じられる言葉ということです。介護はあくまで利用者主体ですから、介護者目線の記録にならないように気をつけて書く必要があるでしょう。

> **NG文例1**　Aさんのトイレ誘導という表記が問題です。スタッフにとっては見慣れている表現かもしれませんが、スタッフ主導の表記となっているため、もう少し優しい表記にするほうがよいでしょう。
>
> **NG文例2**　利用者本人がなおざりになり、一つの流れ作業のなかで業務が進められているように、ご家族などから誤解を受ける可能性があります。現にトラブルになった話も耳にしています。

●**本来の意味・適切な使い方**　（引用元：小学館『デジタル大辞泉』より一部抜粋）

> 【誘導する】（名）スル
> ＊人や物をある場所や状態にさそい導くこと。「生徒を安全な場所に―する」

●**適切な記録への書き換え例の提案**

> **OK文例1**　Aさんの食事介助を行う。Aさんは昼食を食べ始めて間もなくソワソワし始めた。介護スタッフが「Aさん、どうされましたか」と尋ねると、急に席から立ち上がるので、トイレに行きたいのだと思い、「お手洗いに行きますか」と声かけをして、トイレまでご案内した。
>
> **OK文例2**　今日もBさんは入浴をしないと言う。何度かお風呂にお誘いするが、「絶対に入らない」とやや興奮しながら話し、介護スタッフの腕を振り払う。その後も声かけを行いながら、脱衣場までスタッフがお連れした。他利用者が気持ちよさそうにお風呂に入っている様子を見た途端、「私も入る」と話した。

ポイント解説

　介護記録は、情報開示を求められる公文書の一つです。利用者やそのご家族をはじめ他施設のケアマネジャーなど、さまざまな福祉関係者が閲覧する可能性があります。記録に事実を書くということは大切なことですが、一方で介護スタッフのみが使用する記録物ではないため、自分（介護スタッフ側）を中心にした文章表現を避ける配慮も必要です。

> **OK文例 1** 「誘導」は、言葉を置き換えることで、読み手が受ける印象も大きく変わります。トイレまでご案内すると書き換えてみました。
> **OK文例 2** 入浴介助は非常に重労働で現場は目が回る忙しさですが、だからこそ「誘導」ではなく、もう少し利用者の目線に立った表現を用いる必要がありそうです。「お連れする」と書くことで、読み手が受ける印象もよくなりました。

●●● キーワード ⑤：暴力

●不適切記録の文例

> **NG文例 1** Aさんと隣席の利用者が口論になった。Aさんは隣席の利用者に対して袖をつかんで引っ張るなどの<u>暴力が見られた</u>。スタッフが慌てて介入し、その場を収めた。
> **NG文例 2** スタッフが「Bさん、そろそろ入浴しましょう」と声かけを実施するも、Bさんは顔を横に振り、席から立とうとしない。スタッフがもう一度声かけを実施すると、スタッフの手を振り払い、左腕を叩く。そして今度は手の甲を引っ掻く、つねるといった<u>暴力を振るう</u>。手の甲からは軽く出血してしまった。

解説　どこが、なぜ悪いのか？

「暴力」という言葉は、どう表現したらいいのか、迷うワードの一つかと思います。しかし読み手に誤解を招き、個人を批評するような「暴力」という言葉は、本人に汚名を着せてしまう危険性があります。介護スタッフは決してそんなつもりではないとしても、事例のような記録は、あたかも利用者が倫理的・人道的に間違った行為をとったと批判しているかのように解釈される可能性があります。だからこそ、「暴力」という書き方は、できるだけ避けたほうがよいでしょう。

NG文例1　スタッフ側からみた一方向な表現となっています。このような行為自体は決して容認はできませんが、書き方には注意が必要です。

NG文例2　引っ掻く・つねるなどスタッフも痛い思いをしていますので、感情がこもっているようにさえ感じます。介護記録は、感情任せに主観的に書くのではなく客観的に書くことが大切です。

●本来の意味・適切な使い方　　　（引用元：小学館『デジタル大辞泉』）

【暴力】
1 乱暴な力・行為。不当に使う腕力。「—を振るう」
2 合法性や正当性を欠いた物理的な強制力。

●適切な記録への書き換え例の提案

OK文例1　Aさんと隣席の利用者が口論になる。Aさんは隣席の利用者Cさんの袖を引っ張るなどの行為を確認したため、スタッフが介入し（間に入り）、その場は収まる。Aさんに事情を伺うと、「Cさんがじっと自分を見ていた」と話す。Cさんからも事情を伺い、両者に誤解があったことを説明した。

OK文例2　スタッフが「Bさん、そろそろ入浴しましょう」と声

かけを実施するも、Bさんは顔を横に振り、席に座っている。スタッフがもう一度声かけを行うが、<u>スタッフの手を振り払う</u>などしながら入浴したくない旨を訴えた。

ポイント解説

「暴力」という言葉を、どちらにも肩入れせず、他の表現に置き換えてそのまま上から眺めていたかのようにありのままに書くとよいでしょう。

OK文例1　両者には口論になった原因があるかもしれません。どちらに原因があるとしても、介護スタッフは中立的な立場で利用者を見守り、両者を擁護的に支援する責任があります。たとえCさん側に誤解を招くような原因があったとしても、介護記録の表現としては、両者とも行為そのままを書きます。

OK文例2　Bさんの行為を少し要約して（略して）書いています。スタッフは暴力を受けた側ですので、その部分を詳細に書きたいと思うでしょうが、介護記録は短めに要約して書くことで、読み手にも何を伝えようとする文章なのか理解しやすくなります。

キーワード ⑥：○○してしまう

●不適切記録の文例

NG文例1　Aさんが入浴の際に興奮がみられた。介護スタッフが声かけするが、聞き入れてもらえず、<u>脱衣を嫌がってしまう</u>。

NG文例2　Bさんがトイレに行きたいと椅子から立ち上がったため、介護スタッフが急いでトイレまで誘導しようとしたが、途中の廊下で<u>切迫失禁してしまう</u>。

解　説　どこが、なぜ悪いのか？

　「〜してしまう」という表現も介護記録でたびたび目にしますが、「〜してしまう」という言葉は、倫理的側面からみると、少々問題のある言葉です。利用者が介護スタッフに気兼ねすることなく生活を送ることができるように、利用者の心境に配慮した接し方が求められています。

> **NG文例1**　「さっさと服を脱いでほしいのに、脱いでくれない」と解釈できるのではないでしょうか。入浴介護は介護業務のなかでも特に介助者の負担が大きく手数もかかります。一人でもスムーズに介護できない状況があると、入浴を控えている他の利用者へも影響が出ます。どうしてもそのようなスタッフの本音が「○○してしまう」には感じられてしかたがありません。
>
> **NG文例2**　「失禁されたくはなかったが、廊下に失禁された」という解釈になるでしょう。こちらも介護スタッフの胸の内が文面に滲み出ています。確かに失禁は回避できればよいと思いますが、私情を挟まずに丁寧に書くほうがよいでしょう。

●本来の意味・適切な使い方　　　　　　　（引用元：小学館『デジタル大辞泉』）

> 【〜してしまう】
> （補助動詞）主に動詞の連用形に接続助詞「て」を添えた語に付く。
> ア　その動作・行為が完了する、すっかりその状態になる意を表す。「早く食べて—・いなさい」「所帯染みて—・う」「あきれて—・う」
> イ　そのつもりでないのに、ある事態が実現する意を表す。「負けて—・った」「まずいところを見られて—・った」

●適切な記録への書き換え例の提案

> **OK文例1**　Aさんが入浴の際に浴室内で興奮し始めた。介護スタッフは「動き回ると危ないですよ」と声をおかけしたが、聞く素振

りは見られず、<u>服を脱ごうとしない</u>。

OK文例2 Bさんがトイレに行きたいと話し、椅子から一人で立ち上がったため、介護スタッフが「トイレですか」と声かけを行い、急いでトイレまでお連れしようとしたが、途中の廊下で<u>ズボンを濡らした</u>。

ポイント解説

「○○してしまう」は、スタッフ寄りの心情が表現されていますので、もう少し利用者寄りの表現を意識して書くとよいと思います。

OK文例1 「嫌がってしまう」と書かずに、利用者の表情や言動、ジェスチャー（動き）をそのまま書くとよいでしょう。

OK文例2 「失禁してしまう」という表現を、利用者のプライバシーや自尊心の点からも丁寧に書き直す必要があります。介護士は専門職ですから介護専門用語の使用についてはもちろん OK なのですが、「〜してしまう」という言葉と一体的に使用することで、とても不適切な表記になります。

•••キーワード ⑦：抵抗

●不適切記録の文例

NG文例1 Aさんのトイレ誘導をする。ズボンを下げようとするも介護に対する<u>抵抗みられる</u>。

NG文例2 Bさんは、トイレで排泄する際に、叩く、つねるなど介護スタッフに<u>抵抗をみせた</u>。

これだけは知っておきたい介護記録の不適切語・要注意語

解説　**どこが、なぜ悪いのか？**

　「抵抗」という言葉を記録に使用した場合、そこからどのような状況を連想されるでしょうか。「スタッフという権威ある者が相手に行為を強制しようとするが、相手は必死に歯向かっている……」少々オーバーかもしれませんが、そう解釈する人がいてもおかしくありません。やはり読み手に誤解を与えてしまう書き方は適切ではありません。非常に威圧的であって、利用者やご家族が読むには耐えがたい書き方です。「抵抗」という言葉は、それ自体にスタッフの感情が伴ってしまう危険な表現なのです。たとえ本音の部分では、多少「ムカッ・グサッ」と感じても、介護記録には感情的な表現は書いてはいけません。

> **NG文例1**　「暴力」などの言葉と同様に、スタッフ目線の言葉です。確かにスタッフからすると抵抗されたと思うでしょうが、「抵抗」と書くと、黙ってスタッフの言うとおりにズボンを下げられるのが前提となっているかのように思えてしまいます。
> **NG文例2**　これもスタッフが主体となった表現になっています。叩く、つねるはスタッフからするともちろん望んでいないことですが、私情を挟まずに客観的に書くほうがいいでしょう。

●**本来の意味・適切な使い方**　　　　　（引用元：小学館『デジタル大辞泉』）

> ［名］
> 1 外部から加わる力に対して、はむかうこと。さからうこと。「権力に—する」「大手資本の進出に地元の商店会が—する」
> 2 すなおに受け入れがたい気持ち。反発する気持ち。「相手の態度に—を感じる」「一人で入るには—がある」

● 適切な記録への書き換え例の提案

> OK文例 1 　Aさんをトイレまでご案内する。「Aさん、ズボン下ろしますね」と言いながらズボンに手をかけました。Aさんは<u>スタッフの手を振り払い「やめろ」と話しました</u>。
>
> OK文例 2 　Bさんは、車いすで移動の介助を受けながらトイレまで行くと、便器に移乗した。介護スタッフがパジャマに手を触れると、Bさんは<u>その手を払いのけ、スタッフに対して叩く、つねるなどの行為があった</u>。

ポイント解説

「抵抗」の部分をどのように置き換えて書くかによって、読み手が受ける印象が大きく変わります。表現方法には少し難しいところはありますが、できるだけ利用者・家族にも配慮した丁寧な書き方を意識するといいと思います。

> OK文例 1 　『手を振り払い「やめろ」と話した』と実際の利用者の言動やジェスチャーをそのまま書いています。この書き方が最もシンプルで書きやすいと思います。
>
> OK文例 2 　「抵抗」とわざわざ書かずとも、スタッフの私情を挟まずに「叩く、つねるなどの行為があった」と書けばよさそうです。

4

相手をおとしめる「マイナス語」

スタッフにとっては何でもない言葉であっても、利用者の立場で考えると汚名を着せられたように感じる、相手をおとしめてしまう語句があります。

キーワード ①：また○○する

●不適切記録の文例

> NG文例1　Aさんをトイレ誘導する。急いでトイレに行き、ズボンを下ろすも、また失敗し、便で下着を汚してしまう。

解説　どこが、なぜ悪いのか？

介護スタッフはできる限り失敗なくスムーズに排泄できるように声かけや誘導を試みていますが、利用者が排泄を失敗することもあります。どうしてうまくいかないのだろうとスタッフもイライラが募るかもしれませんが、それ以上に利用者自身が、失敗したことで精神的ダメージを受けているはずです。失禁はスタッフの目につきやすく、介護記録にもたびたび記録されているところを見かけますが、利用者が失敗したことだけを書き連ねて否定的な書き方になるのは、スタッフの感情をぶつけているだけの不適切な書き方と言えるでしょう。

> NG文例1　「また」という言葉は、スタッフが望まない失禁を何度も繰り返す、と読み手に解釈される可能性があり危険です。スタッフの感情がこもっている文章と誤解されてしまうのです。また「失敗」という言葉も、どちらかというとスタッフが利用者を見下しているような表現と解釈することもできます。特に排泄介助という場

面では、利用者は自身のプライバシーを他人にさらけ出している最もデリケートな瞬間ですから、細心の配慮が必要かと思います。

● **本来の意味・適切な使い方**　　　　　（引用元：小学館『大辞泉』）

また（復た）……ふたたび【再び】　また〈雨が降る〉　またまた　またもや　もう一度　改めて　重ねて〈伺う〉　繰り返し　更に　再度　二度　両度　再応

失敗する……［名］（スル）物事をやりそこなうこと。方法や目的を誤って良い結果が得られないこと。しくじること。「彼を起用したのは—だった」「入学試験に—する」「—作」

● **適切な記録への書き換え例の提案**

> OK文例 1 　Aさんに「お手洗いに行きませんか」と声かけし、一緒にトイレまで移動する。急いでトイレに行き、自分でズボンを下ろすが、スタッフが確認すると便で下着を汚している。速やかに下着を交換する。

ポイント解説

「また」という言葉も「失敗」という言葉も必要ありません。下着を汚したという事実とそれにスタッフがどのように対応したのかというケア内容をそれぞれ記録します。もし繰り返しているということを書きたいのならば、「また」ではなく、〇回、あるいは複数回と、その日の利用中の回数を具体的に書くほうがいいでしょう。

> OK文例 1 　「また失禁する」と表現せずに、その時の状況をありのままに書きます。もし複数回の失禁があった場合には、「本日二度目の」など具体的な数値を書き込むことも一つの書き方です。そ

うすることで、介護スタッフが多忙でイライラしながら排泄介助をしているというようなニュアンスがなくなり、事実のみを表記した客観的な記録になりました。

●●● キーワード ②：わがまま

●不適切記録の文例

> NG文例1　午前中の余暇時間に、タマさんが仲よしのハナさんから貰ったお菓子をこっそりと2人で召し上がっている。「もうすぐお昼ご飯ですから」と声がけすると「私の勝手よ。好きにさせてちょうだい」とタマさんがわがままな態度をとられた。

解説　どこが、なぜ悪いのか？

「わがまま」の意味をそのまま利用者に当てはめて記録に書いてしまうと、意味は通りますが、利用者に対して非常に高圧的な姿勢を感じます。利用者は私たちよりもご年配の世代であり、また今までご自身で自立した生活を送ってこられた人生の先輩です。その人達に対してこのような言葉を記録に書くのは不適切と言えるでしょう。またこの言葉にはスタッフ側の私情や所感が含まれているということもできます。一人の利用者のパーソナリティを「わがまま」と捉え、一方的なスタッフ個人の感じ方を押し付けている可能性があります。

> NG文例1　利用者は、ご自身の考えや判断、欲求、希望に基づいて、お菓子をこっそり食べるという行動をしています。利用者の立場に立って考えてみると、必ずしも「わがまま」で行っている行為とは言えないこともあります。「わがまま」という書き方は、スタッフ側の考えや希望にそぐわない行動をとる利用者に対して、身勝

手な人というレッテルを貼りつけてしまう危険な書き方なのです。相手のことを考えながら注意して記録を書きましょう。

●本来の意味・適切な使い方 （引用元：三省堂『大辞林 第三版』）

・他人のことを考えず、自分の都合だけを考えて行動すること。身勝手。自分勝手。
・思うとおりに贅沢をすること。
（使用例）これはわがままと言われても仕方がありませんが、私がどうしてもやり遂げたいと思う目標なのです。

●適切な記録への書き換え例の提案

OK文例 1 余暇時間（11時30分）、タマさんが仲よしのハナさんから貰ったお菓子を2人で召し上がっている。スタッフが「もうすぐ昼食ですから」と声がけすると「私の勝手よ。好きにさせてちょうだい」と語気を荒くして話しました。

ポイント解説

OK文例 1 介護スタッフの私情を取り除き、利用者のその場面の様子をみたまま、聞いたままに書きました。まず、タマさんが「私の勝手よ。好きにさせてちょうだい」と話した場面ですが、確かに介護スタッフ側からみると、「わかりました、ごめんなさい」などと聞きわけたわけではないため、「わがまま」と表記したくなるかもしれませんが、利用者は決してわがままではなく、ご自身の考えに基づいてそのような言動をとっています。

4 これだけは知っておきたい介護記録の不適切語・要注意語

他の介護スタッフに誤解がないように情報共有するためにも、私情を挟まずに書きます。「私の勝手よ。好きにさせてちょうだい」をわがままという方向で捉えるのではなく、そう話した時のタマさんの表情や話し方のほうへ観察視点を向けてみましょう。すると、例えばニヤニヤして話しているのか、怒った表情で話したのか、静かに話したのか、語気を荒げて話したのかなど、さまざまなタマさんの像がみて取れる介護記録になってくるはずです。

●●● キーワード ③：能力がない

●不適切記録の文例

> **NG文例 1** 午後からレクリエーションを行い、風船バレーを楽しむ。5人で1組になり団体戦で競い合うことにする。Aさんは、ボールを投げる能力がないので、そばで見学している。
>
> **NG文例 2** Bさんは、隣に座ったCさんから話しかけられたが、返事をすることもなく無表情で前を向いたままだった。最近、耳が遠くなり相手の言葉を聞き取る能力がなくなったのかもしれない。

解説 どこが、なぜ悪いのか？

介護を必要とする高齢者は、心身機能の低下に伴って、生活しづらさを感じ始めます。しかし機能低下しているとは言っても、突然すべての機能がなくなるということではありません。介護記録に「低下している」という意味で「能力（機能）がない」と書いてしまうことがありますが、言葉の使い方を間違えると大きな誤解を招きますので、十分に注意しましょう。

> **NG文例 1** 「能力がない」の表現は、ボールを投げられないという意味のほかに、その人物の価値をおとしめ、相手を揶揄するニュアンスを含んでいるように感じられます。誤解を与える可能性が

あるため、使用を控えたほうがいいでしょう。

NG文例2　「能力がなく」の表現が、聞き取ることができないという意味を超えて、上記の文例と同様のニュアンスが含まれていると誤解を与えてしまいそうです。

●本来の意味・適切な使い方

（引用元：小学館『デジタル大辞泉』）

【能力】
1 物事を成し遂げることのできる力。「—を備える」「—を発揮する」「予知—」
2 法律上、一定の事柄について要求される人の資格。権利能力・行為能力・責任能力など。

●適切な記録への書き換え例の提案

OK文例1　午後からレクリエーションを行い、風船バレーを楽しむ。5人で1組になり団体戦で競い合うことにする。Aさんもそばで他の利用者が取り組む様子を「がんばれ、がんばれ」と応援しながら、終始笑顔で一緒に参加していました。

OK文例2　Bさんは、隣に座ったCさんから話しかけられましたが、表情を変えずに黙って前を向いていました。最近、難聴により聴力が落ちているため、Cさんの話をうまく聞き取れずにいる様子。介護スタッフが「Bさん、Cさんが今日は天気がいいですね、ですって」と声かけを行った。Bさんは、少し驚いた表情をしながら、「そうだね」とうなずいていた。

ポイント解説

「能力（機能）がない」ことが原因で、なすべきことが達成できないというようなニュアンスで記録が書かれていましたが、機能の一部分が低下したとしても、他の機能で補うことで、生活能力を高めることも不可能ではない

はずです。本来、人が持ち合わせているプラスの要素にも目を向けて関わり、それを記録に書いていきましょう

> OK文例1 「できないところ」ではなく、「できるところ」に視点を向け、レク参加の楽しそうな様子を書きましょう。
>
> OK文例2 能力がないのではなく、「聴力が落ちている」としたことで、利用者の人格をおとしめるニュアンスがなくなりました。

●●● キーワード ④：頑固

●不適切記録の文例

> NG文例1 Aさんがホールにやって来て、いつもの席に腰かけようとすると、Bさんがその席に座っていた。Aさんは「そこは私の席だから、どいてくれ」とやや大きな声を張り上げた。介護スタッフも声かけを行うが、一向に譲る気配がない。AさんもBさんも頑固な性格なので、いつもトラブルになってしまう。
>
> NG文例2 送迎中にCさんが他の利用者にお菓子を配っていました。施設に到着後、介護スタッフがCさんにお菓子を配らないようご説明するも、Cさんは「私一人で食べるわけにはいかない。以前老人クラブでも配っていた」などスタッフの説明を聞き入れず頑固な様子。

解説 どこが、なぜ悪いのか？

「頑固」は、利用者の個性や性格を表す言葉で、確かに利用者の本質的な部分はその通りなのだと思います。ただ問題になるのはやはりその表現方法です。

NG文例1 「頑固」の意味としては、下記の「本来の意味」に示すように、かたくなに自分の意地を張るというような意味で捉えられますから、もう少し適切な表現を用いる必要があります。

NG文例2 「頑固」という表現には、介護スタッフの、できることならスケジュール通りにことが運んでほしいという感情が出ています。そこでついスタッフ本位の一方向的な見かたで利用者を観察してしまうということがあるのではないかと考えられます。「頑固」は利用者本人の人間性を揶揄しているような誤解を与えてしまいますので、他の言葉で言い換えたほうが適切です。

●本来の意味・適切な使い方　　　　(引用元：小学館『デジタル大辞泉』)

【頑固】(名・形動)[文]ナリ
①他人の意見を聞こうとせず、かたくなに自分の考えや態度などを守る・こと(さま)。「—なおやじ」
②病気などが、なかなか治らない・こと(さま)。「—な咳(せき)」→ 強情(補説欄) [派生] —さ(名)

●適切な記録への書き換え例の提案

OK文例1 Aさんがホールにやって来て、いつもの席に腰かけようとすると、Bさんがその席に座っていた。Aさんは「そこは私の席だから、どいてくれ」とやや大きな声で話した。介護スタッフもBさんにご説明を行うが、ご理解を得ることができなかった。そこでAさんに「今日はBさんにお譲りしていただけませんか。次からスタッフがもっとしっかりと配慮しますので」とご説明し、納得していただく。

OK文例2 送迎中にCさんが他の利用者にお菓子を配っていました。施設に到着後、介護スタッフがCさんにお菓子を配らないようご説明するも、Cさんは「私一人で食べるわけにはいかない。

以前、老人クラブでも配っていた。ここも同じようなものでしょう」
と話し、ご理解いただくことができませんでした。

ポイント解説

OK文例1　「頑固」の表現を「ご理解を得ることができなかった」
と置き換えることで、利用者を揶揄するようなニュアンスが消え
て、本人の様子のみが伝わる表現になりました。ちょっとしたこ
とですが、介護記録では言葉選びに少し配慮が必要です。

OK文例2　「頑固」の表現を「ご理解いただくことができない」と
置き換えました。これによって利用者を揶揄したようなニュアン
スが消え、スッキリした文章になりました。

・・・キーワード ⑤：わけがわからない／意味不明

●不適切記録の文例

NG文例1　Aさんは、午後からレク活動で「しり取り・じゃんけ
んゲーム」に参加するが、ルールが難しいためか、わけがわから
なくなりゲームを中断してしまった。

NG文例2　スタッフが目を離しているすきに、Bさんが隣の利用
者の昼食を手で取って食べていた。しかしご説明しても意味不明
なことを話し続けるので、そのまま隣の利用者の配膳をBさんか
ら遠ざけるなどの対応を行った。

解説 どこが、なぜ悪いのか？

「わけがわからない」「意味不明」という表現は、利用者の様子を適切に説明した書き方とは言えません。

NG文例 1 利用者が「十分に状況を捉えきれない」ことと、「わけがわからない」「意味不明」なことは、まったく意味が異なるのです。「十分に状況を捉えきれない」というのは、利用者の様子を説明した文章ですし、「わけがわからない」「意味不明」というのは、スタッフが利用者を観察し、そこから考えたことです。つまり利用者には状況を捉える能力がないぞ！　というような烙印を押してしまう書き方になる危険性があるのです。

NG文例 2 介護記録に「意味不明」と書くのは、スタッフが利用者の立場に立って理解しようとする気がないのではないか、という誤解を生む表現です。この場面の記録についても、やはり倫理的配慮が必要で、たとえ利用者の意思をしっかり把握できないとしても、相手の立場に立った記録の書き方に注意して書く必要があるでしょう。

● **本来の意味・適切な使い方**　　　　　　　　　（引用元：『Weblio 類語辞典』）

【わけが分からない】
意図や趣旨がまるで理解できないさま
【意味不明】
1　人の言動などが理解可能な範疇の外にあるさま。
2　物事の主旨や意図を把握するのが困難であるさま。

● **適切な記録への書き換え例の提案**

OK文例 1 Ａさんは、午後からレク活動で「しり取り・じゃんけんゲーム」に参加し楽しむ。戸惑いの表情でゲームを中断したので、

スタッフが「大丈夫？　難しいゲームですね」と声かけを行いながら様子をお聞きする。Aさんは「ちょっと、難しすぎるわ」と話すので、「ゆっくり考えてからでいいですよ」と返答した。

OK文例2　スタッフが見守りをするも他に目配りしている最中に、Bさんが隣の利用者の昼食を手で持って食べている。「Aさん、隣に座ってもいいですか」と声かけを行い、Bさんとの間にスタッフが座り、Aさんの食事介助を行った。

ポイント解説

OK文例1　「わけがわからない」を「戸惑いの表情で」と表現してみました。その時点ではAさんがなぜゲームをやめたかはわかりませんが、後の言動によって、ゲームのルールがAさんには難しすぎたのだという理由がわかります。もう一度スタッフがルールを説明し、Aさんにゆっくり考えてもらえば、このゲームを楽しむことが可能だと思います。

OK文例2　「意味不明」という語句そのものを削除し、スタッフの私見を交えずに利用者の様子をそのまま表記しました。会話文も入れるとより伝わりやすい文章になります。

キーワード⑥：鈍い／とろい

●不適切記録の文例

NG文例1　Aさんは早めに食事を食べ始めるが、動作が鈍いせいか、どうしても食べ終わるのが遅い。

NG文例2　Bさんが余暇時間に他利用者と談笑するが、会話がとろく周囲の会話についていけてない様子。

どこが、なぜ悪いのか？

　「鈍い」という言葉は、日常的によく使用します。日常会話などでの使用は、倫理的側面から考えても何ら問題のない言葉です。また「とろい」という言葉も、TPOをわきまえたうえで会話で使用することもあります。しかしこれらの言葉は、使い方によって解釈される意味が大きく異なってきます。

NG文例 1　「動作が鈍い」という言葉は、緩慢さを表現していますが、「鈍い人」というように人の様子や特徴を表す言葉として使用した場合は、「ゆっくり動く人」という意味として理解することもできますし、「感受性が薄い」あるいは、「鈍感な人」というように少々相手を見下した言い方に受け取られる場合もあります。このようなちょっとした記録の一端から誤解が生じ、施設へのクレームにつながってしまうケースも増えています。

NG文例 2　「会話がとろく」は、利用者の話し方についての記載ですが、「とろい」という言葉にも、本来の言葉の意味を超えた相手を揶揄するような意味があるため、読み手に誤解を与えかねません。公的文書である介護記録への表記はNGと考えたほうがよいです。

●**本来の意味・適切な使い方**　　　　　　　　　（引用元：小学館『デジタル大辞泉』）

【鈍い】［形］［文］にぶ・し［ク］
1　ア動きがのろい。動作が機敏でない。「客足が—・い」「動作の—・い動物」
　　イ感覚が鋭敏でない。反応が遅い。「勘が—・い」「運動神経が—・い」
　　⇔鋭い。
【とろ・い】［形］［文］とろ・し［ク］
1 動作や頭の働きがにぶい。のろい。「—・い奴」

●適切な記録への書き換え例の提案

OK文例1 Aさんは早めに食事を食べ始める。ご自身のペースで、一人でスプーンを使用しゆっくりと召し上がる。12時50分、満足した表情をされ、「ごちそうさん」と話す。

OK文例2 Bさんが余暇時間に他利用者と談笑するが、発語に時間を要すため、周囲の方との会話に苦慮する場面が見られた。介護スタッフが介入し、ところどころBさんの代弁を行った。

ポイント解説

介護は、「できないこと」というマイナス面をみる視点だけでなく、「できること」「していること」というプラス面を観察し記録に書くことも大切です。

OK文例1 文章だけではなく文脈も変えました。つまりこの記録は、「動作が緩慢で食事時間を超過した」ということを書きたいのではなく、「時間をかけることで、自力で食事を食べることができた」ということを伝えられるように修正しました。時間を要す方の場合は、文例のように時間も併せて記録することも大切です。

OK文例2 利用者がゆっくりした会話をしているという様子とともに、そばにいたスタッフの見守り・声かけ・介助などの内容も介護内容に書いていくとよいでしょう。

第 5 章

ヒヤリハット＆事故報告書の書き方

5-1 リスクマネジメントと「報連相」の重要性

介護施設では、スタッフが担う業務につきものの介護事故を未然に回避するために、その危険性を最小化する取り組みを行っています。利用者との信頼関係の面からも重要なことです。

介護事故とリスクマネジメントの取り組み

介護スタッフは、転倒や転落といった介護事故と常に隣り合わせの状態で業務を行っています。利用者は要介護状態の方々ですので、そのリスクは決して小さくはありません。介護施設は組織としての取り組みを強化することで、事故をゼロにはできないまでもリスクを最小化する努力をしています。その取り組みをリスクマネジメントといいます。

リスクマネジメントには、事前にリスクを回避するための対応と、起こってしまった際の対応という2側面が考えられます。介護施設の運営基準においても、事故防止のための指針の整備や職員に対する定期的な研修の実施などが定められており、介護事故を未然に防ぐためのスキルや事故発生時の迅速な対応などを日頃から準備しておくことが大切です。

介護施設におけるリスクマネジメントの目的としては、介護事故の防止活動などを通して、組織の損失を最小に抑えること、利用者や家族およびスタッフの安全を確保すること、サービスの質を担保することなどがあります。

また、介護施設には心身に障害のある高齢者が生活されています。一人ひとりの尊厳を大切に守りながら、能力に応じた自立した生活を支援するためにも、利用者や家族からの信頼を失うことがないように、日頃から質の高い支援を意識し、介護事故に対するリスクマネジメントに取り組んでいくことが求められています。

不安のないチームケアのための「報連相」

　介護施設にとってリスクマネジメントの取り組みが重要なことは先述の通りです。その業務はチームケアの組織的な活動で担われています。チームケアにとってミスなくスムーズに業務を進めるには「報連相」、つまり報告、連絡、相談の徹底が何より大切になってきます。

　「報連相」の意義（重要性）は、チームの意思疎通を図り、情報共有を促進するとともに、チームケアのメンバー間の連携を強めるというところにあります。

　介護スタッフは、利用者に介助を行う際に、マンツーマンで利用者と向き合って業務を行っており、スタッフ同士は互いの業務を逐一確認し合えません。ということは、職員間で情報の共有を図っておかないと、次に利用者と関わったときに、戸惑ったり介護方針に沿わないケアを行ってしまったりする危険性があるということです。そのような不手際を未然に回避するためにも、「報連相」はとても重要な情報伝達のルールなのです。

ここがポイント

- ☑ リスクマネジメントには、予防的措置と事後的措置という2側面がある。

- ☑ 「報連相」、つまり報告、連絡、相談の徹底が何より大切。

- ☑ 「報連相」は、介護業務の不手際を未然に回避するための重要な情報伝達のルール。

- ☑ チームケアをお互いに不安なく行っていくために、「報連相」は必須の行為

5

ヒヤリハット＆事故報告書の書き方

介護記録は、「報連相」を適切に行うための大事なツールの一つです。口頭での申し送りだけではなく、文書で申し送ることも正確な情報共有には欠かせません。

「報告」とは

「報告」とは、介護施設の上司からの指示や命令について、部下である介護スタッフが実施経過やその結果を適宜、迅速かつ正確に伝えることです。これは、介護スタッフから介護リーダーへ、また介護スタッフや介護リーダーから施設長・管理者などに事実や結果を知らせることを指します。さらに、ケアチームで決められたミッションについて、その進捗状況や結果を、メンバーに対して伝えることもあります。

「報告」が適切になされないと、ミッションが滞ってしまうことが懸念されます。また「報告」によって、上司から今置かれている状況を踏まえた新たな指示や命令が下されることもあるため、機を逃さずに報告することは、とても大事なことです。

【例】施設長から記録物の入力作業を頼まれ、その進捗を報告した。

 ここがポイント

☑ 自分が与えられた仕事の結果や進捗状況を伝えること。

☑ 適切に「報告」しないと、ミッションは滞ってしまう。

☑ 伝えるべき時に忘れずに「報告」することがとても大事。

「連絡」とは

　「連絡」とは、利用者の情報や実施した業務内容などをチームケアのメンバーや関係者に申し送る行為のことです。

　申し送り事項には、自分の私情や所感、憶測などは交えずに、できるだけ事実を伝えるようにします。また申し送りは、上司から部下へ、部下から上司へ、関係者同士など双方向で行うものです。もしスタッフが「連絡」を怠ってしまうと、チームケアのメンバーに大事な事柄が周知されず、場合によっては重大なインシデント、つまり事故に繋がりかねない出来事を引き起こす危険性も考えられます。

【例】利用者のケアカンファレンスの開催について、時間と場所を連絡し周知を促した。

ここがポイント

☑ 仕事上の重要な事柄について、事実や簡単な情報などを関係者へ伝えること。

☑ 「連絡」を怠ってしまうと、重大なインシデントに繋がる危険性もある。

「相談」とは

　「相談」とは、判断に迷う場面や業務中の“気づき”など自分の考えを相手に伝え、相手から助言を得たい時に行う行為のことです。

　介護業務とは人を相手にする対人援助です。常に正しい答えが準備されているわけではなく、相手の置かれている状況によってその方法も千差万別なため、常にどのように介護すべきか模索し、悩むなかで業務を進めていくことになります。つまり同じ船に乗り合わせた船乗り（介護スタッフ）がどの方角へ進むべきか、共に協力して相談し合うことが「介護」ではないでしょうか。

　お互いに遠慮なく思うところを「相談」することから、ミスを未然に防ぎ、利用者の意向にそった利用者本位のケアが展開されていくのだと思います。

> 【例】家族懇談会の準備が思うように進んでいないので、どうすべきか介護部長に相談した。

 ここがポイント

- ☑ 「相談」とは、自分の考えを相手に伝え、相手から助言を得たい時に行う行為のこと。
- ☑ 自分がある業務について、どうしようか迷った時に、上司や同僚から助言や問題解決のヒントをもらうこと。

いつ、誰に、何を、どのように「報連相」する?

「報連相」は、いつ、誰に行うべきか、そのタイミングと相手が重要です。また誤解なく伝えるためのプレゼンテーション力も求められます。

「報連相」は伝えるべき時に行うからこそ活かされる

「報連相」は、タイミングがとても重要です。もし誤ってしまうとその先に大きなミスやトラブルが待ち構えていることもあり得るので、心して取り組む必要があります。上司はスムーズな報告を受けることで、責任ある適切な判断を行い、介護スタッフに新たな指示・助言を出すことができます。

利用者の支援は常に動き続けているため、その場での利用者対応を臨機応変に対処できるように、上司や同僚(介護スタッフ同士あるいは多職種間)の情報共有をスムーズに行い、トラブル防止に備えることが大切です。

「報連相」はタイミングが大事

「報連相」は、いつ、誰に行うべきか、そのタイミングが重要となります。次ページに示した通り、「いつ」・「誰に」行うのかは、そのTPOによって変わります。

介護業務は、スタッフ個々が自ら判断して取り組んでいる側面もありますし、利用者と1対1で取り組むこともあるため、悩みも一人で抱え込みがちになります。しかし、それを言葉にして発しなければ、物事が動き出しません。次ページの箇条書きを参考に、「報連相」を徹底していきましょう。

●報連相が必要な場面

①上司から指示・命令を受けた業務の進捗状況を伝える時（報告・連絡）
②上司から指示・命令を受けた業務を終了した時（報告）
③介護方針や方法などに変更や改善が必要ではないかと思った時（相談）
④業務中に何か新しい動きや情報が得られた時（報告・連絡）
⑤業務中に何かミスをした時、ミスに気づいた時（報告）
⑥利用者に介護事故やヒヤリハットが発生した時（報告）

事故発生時の報連相のフローチャート

　介護事故が発生した場合には、スタッフ一人ひとりが役割を分担し合い、迅速な対応をとることが求められます。その場のなかで指揮するスタッフを一人決め、右ページのフローチャートに従って、対応に当たります。その際にも的確な「報連相」がとても重要となります。

　対処方法は、その場に複数のスタッフがいる状況と、自分一人しかいない状況で、優先すべき事柄が異なってきます。日ごろから職員間で、これらの対処法について話し合い備えておくことも大切です。

 ここがポイント

☑「報連相」は、「いつ」・「誰に」行うのかタイミングが大事

☑ 一人で抱え込んで悩まない。言葉にして発しなければ、物事が動き出さない。ケアチームでの情報共有をスムーズに行うことでトラブル防止となる。

☑「報連相」のタイミングを逃すと、大きなミスやトラブルに繋がる可能性も。特に介護事故の対処は1分1秒を争うので、的確な判断をするための「報連相」がとても重要。

▼「報連相」の方法（フローチャート）

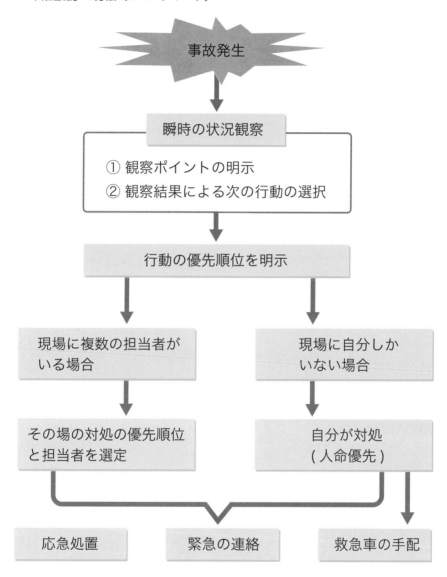

5

ヒヤリハット＆事故報告書の書き方

インシデント & アクシデントレポートの具体的な書き方

インシデント & アクシデントレポートは、重要な報告書となるため、誤解のないように的確に事実を伝えられるように書く必要があります。

5W1Hを基本として漏れなく書く

インシデント & アクシデントレポートは、自分だけではなくさまざまな関係者が読みます。第三者が読んでも状況が把握できるように、わかりやすく簡潔に報告します。

先にも述べたように「報告」には迅速性が求められますので、インシデントやアクシデントが発生した時点で、できるだけ速やかに口述による報告を相手に行い、当日のうちにレポート（報告書）を提出することが大切です。インシデント & アクシデントレポートを作成するにあたっては、まず事態がどのようであったかを思い出し、頭を整理しながら正確に書きます。

記録のコツは、5W1H（いつ、どこで、誰が、どのような理由で、何を、どのように行ったか）を一つの指標として書くとわかりやすくなります。

● 5W1H の例

・When（いつ）：利用者の入浴時／夕食の配膳の際に／今日の 17 時
・Where（どこで）：南棟の居室で／ホールで／機能訓練室で
・Who（誰が）：○○様が／本人が／主様が／介護職が
・Why（なぜ）：確認不足だったため／誤った判断をしたため
・What（何を）：服薬を／利用者を／手すりを
・How（どのように）：渡し間違えた／スヤスヤと（寝息をたてて）

　報告書は、誰でも好んで書きたい書類ではありません。しかし今後の予防策のためにも報告書の作成（活用も）はとても意味のある取り組みであると意識づけを行いつつ、書いていきましょう。

介護記録は短くまとめたほうがいい

　インシデント＆アクシデントレポート作成の際のポイントを表にしました。ぜひ参照のうえで、今後の報告書の作成に活かしてください。

▼インシデント＆アクシデントレポート作成のポイント

● **利用者の状態・状況**：できるだけ詳細に**事実**を書きましょう。
⇒ex.）○月○日21時、西棟の夜間巡視で、○○様の居室に伺った際に、ベッドから一人でポータブルトイレに移動しようとして途中で尻もちをつき、立ち上がれずに床に座っているのを発見する。

● **対応・介護内容**：利用者の状態・状況に対して、**自分は何をすべきと判断し、実際に何を行ったのか**要点を時系列で**書きましょう。**
⇒ ex.）Ｂ様が脱衣場で、意識喪失し転倒する。冷や汗を確認したため、気道確保し両手首、両側をまくり仰臥位にする。至急看護師に状況を伝え、10時30分、ご家族に連絡の必要があると思い、低血糖の疑いがあることから、朝食を召し上がったかなど改めて聴取した。

● **推測される原因**：何が要因となり、インシデントにつながったのか**発生状況から考察しましょう。**
⇒ ex.）主治医から服薬が変更になったと連絡帳に記載があったが、スタッフ間での連絡が不十分なまま支援を行っていた。

● **今後の対応策**：インシデントにつながった原因の芽を摘むために、**組織的な取り組に繋げていくことが大切です。**
⇒ ex.）口頭での連絡だけではなく、時間を見つけてステーションの申し送りノートにも記録を残し、周知徹底を図る。

ここがポイント

☑ インシデント＆アクシデントレポートとは、重要な報告書。

☑ インシデント＆アクシデントレポートとは「情報」の集積。

☑ 証拠書類のため、5W1Hの一つひとつのワードがとても大事。

5-5 ヒヤリハット報告の記載例

実際のヒヤリハット報告の記載例を参考にすることで、介護現場で事故防止のためのツールとしても活用できる記録の書き方をめざしましょう。

【事例①】夜間のベッドからの転落

ヒヤリハット報告は、その事例だけを書くのではなく、事例が起こる前、発見する以前からどのようなことがあったのかを下線のように書きます（右ページインシデントレポート【事例①】の下線❶）。それを書くことで、今後ヒヤリを引き起こさないために、事故を誘発する要因を検討することが可能となります。

また利用者の体調の確認など、介護スタッフが行った安否確認は非常に重要ですので、これも必ず書きます（下線❷）。

【事例②】昼食中の誤嚥

利用者の食事介助を行っている最中の誤嚥への対応ですが、スタッフが利用者に対して何を行ったのか、手順を踏んで書きます。これまで解説してきた介護記録の書き方と同じように、「スタッフが行ったこと」と「利用者の様子」を下線❶（P.232 インシデントレポート【事例②】）のように分けて書くといいでしょう。

▼インシデントレポート　【事例①】夜間のベッドからの転落

<table>
<tr><td colspan="6" align="center">**インシデントレポート**</td></tr>
<tr><td colspan="6" align="right">令和○年○月○日</td></tr>
<tr><td>発生場所</td><td>年　齢</td><td>性　別</td><td>介護度</td><td colspan="2">疾病など</td></tr>
<tr><td>居室</td><td>90歳</td><td>女性</td><td>要介護4</td><td colspan="2">認知症、車いす移動全介助</td></tr>
</table>

◆利用者の状態・状況

　❶夜間、就寝できず11時から12時の間に10回ほどコールあり。尿意、便意の訴えあり仮対応するも排尿排便とも確認できず。深夜2時過ぎからコールなく就寝していたが、未明4時過ぎに訪室すると、ベッド下方の柵の隙間からずり落ちて尻もちをついている。タオルケットと一緒にずり落ちたため、布団がクッションとなり、打撲など外傷はなかった。歩くことはできないが、自分でトイレに行くためにベッドから降りようとした模様。

◆介護内容・対応

　痛みの訴えがないか本人に確認を行ったが特に大丈夫と話す。念のため❷バイタルチェックを行ったが普段の値と変化認めず。翌日も再度本人に確認を行い、バイタル計測するが体調は良好。数日の経過観察となる。

◆推測される原因

　夜間、多動傾向がみられ、尿意の訴えが11時から12時の間に10回ほどあった。その都度、介護スタッフが対応するが、時々自分一人で動こうとしていることがあったが、大丈夫だろうと思い込んでしまい、気づいていても長時間そのまま黙認してしまった。

◆今後の対応策

　利用者の多動傾向が強い時には、夜間の見回り回数を増やし、訴えを傾聴するなど事故を防ぐようスタッフ間で徹底する。誤って床に転落しても痛くないように、ベッドは低い位置に設定し、周りにマットを敷き詰めるなど対策する。入眠できず多動の時は、特に注意して観察が必要である。

▼インシデントレポート　【事例②】昼食中の誤嚥

インシデントレポート

令和○年○月○日

発生場所	年　齢	性　別	介護度	疾病など
食堂	85 歳	女性	要介護 3	パーキンソン病

◆利用者の状態・状況

　嚥下障害のある利用者。介護職が食事介助をしていたところ、○○様がゼリーを勢いよく口腔内に吸い込んだことで、気管に入ってむせ込む。咳をしようとするが誤嚥物が気道に詰まり、数秒ほど無呼吸となる。その後、強く咳込み、大事には至らなかった。

◆介護内容・対応

　○○様は咳を何度も繰り返していたが、途中で口をへの字に閉じて、顔色が変色し始める。❶介護スタッフが○○様の上体を前屈させ、タッピングを行う。すると間もなく強く咳をし始め、誤嚥物を口から排除したため、むせ込みは治まる。

◆推測される原因

　食事形態と姿勢については、毎日の食事介助にて少し馴れ合いになってしまい、確認が疎かになってしまったため、誤嚥に繋がった。1回に口に入れる分量が大きすぎたため、十分に咀嚼できずに飲み込んだものと考えられる。

◆今後の対応策

　利用者の食事ペースをしっかりと確認しながら、介助を行う。利用者が咀嚼できる適量をスプーンですくって介助を行う。

5-6 事故報告書の記載例

事故報告書とは、コンプライアンスを伴っている報告が義務付けられた記録の一つです。正しく書くことで、今後の事故防止対策にも活用できます。

ポータブルトイレ使用中に座位保持ができずに転倒

利用者をポータブルトイレに座らせた時に、十分に座位を保てる姿勢にあると介護スタッフが確認していたか否か、転落の危険が予測できなかったかなどを、事故報告書 (1) (P.234) の下線❶のように明確に書く必要があります。

また、事故に至る前の介助内容も大切ですが、発見後にどのような対処を行ったのか、対応の不手際などで体調やケガの悪化に繋がる二次的な事故を防いだのか、などを下線❷のように明確に書くことが大切です。

デイサービス余暇時間に脳梗塞による容態急変

この報告書には、発見時の利用者の状態だけではなく、周囲の利用者やスタッフの様子、発見前までどのようなことをしていたのかなども、事故報告書 (2) (P.235) の下線❶のように書きます。そして容態が急変した利用者の様子をスタッフが見た時に、それをどのように捉え、どのような対応をとったのか、専門職として考えたこと（判断）も合わせて時系列で❷のように書きます。

入浴中に上体が浮き上がり溺れかけた

入浴介助の際には、介護職がどれだけ危険を予測して安全対策を施したか、安全責任を果たしたか否か、事故報告書（3）（P.236）の下線❶のように書く必要があります。この介護事故は、安全ベルトが確実に固定されたかどう

5

ヒヤリハット＆事故報告書の書き方

か確認を十分に行っていなかったところ、目を離したすきに発生してしまいました。複数の利用者を同時に入浴介助する際の盲点ともいえる複合的要因による介護事故でした。❷のように推測される原因を明記することで、今後の対策にも繋げられます。

▼事故報告書（1）

<table>
<tr><th colspan="2" align="center">事故報告書</th></tr>
<tr><td colspan="2" align="right">令和○年○月○日</td></tr>
<tr><td>事業所名</td><td>特別養護老人ホーム○○苑</td></tr>
<tr><td>報告者</td><td>介護副主任　○○○○</td></tr>
<tr><td>利用者</td><td>A様（85歳）女性　要介護4　筋力低下　全介助</td></tr>
<tr><td>発生日時</td><td>令和○年○月○日　午前6時15分</td></tr>
<tr><td>発生場所</td><td>居室のトイレ</td></tr>
<tr><td>事故の状況</td><td>○月○日午前6時15分、A様が居室でポータブルトイレにて排便中に上体のバランスを崩し、ずり落ちるように転落している。頭部と臀部を打撲したらしく手でさすっていた。介護職がA様の排便介助の途中で、備品をとるため物品庫に向かい居室を離れ、戻ってみるとポータブルトイレの前に転落していた。❶座位が安定しているか否かを十分に確認せずにその場を離れてしまった。</td></tr>
<tr><td>事故時の対応</td><td>介助を行っていた介護職が転倒事故を発見した。後頭部並びに臀部を打撲するが、外傷は確認できず。すぐに看護師に連絡し、状態観察・バイタル計測を行う。嘱託医に連絡を取り、指示に沿って○○病院を受診し、頭部CT撮影後に打撲による内出血等の処置を受けた。医師よりCTの結果、頭部に異常は認められなかったが、体調の急変や嘔吐などあれば至急連絡するようにとの指示があった。</td></tr>
<tr><td>事故後の対応</td><td>病院受診後、1日経過するも特に体調の急変などなく、バイタル計測の結果、容態は安定している。臀部に薄青の打撲痕を確認するも本人からの痛みの訴えはない。❷本日も病院受診を行い、嘱託医からかぶれに注意しながらシップを貼るようにとの指示を受けている。相談員が随時家族への連絡を行っており、合意を得ている。</td></tr>
<tr><td>推測される原因</td><td>座位は保てる方だったが、機能低下によって座位バランスも徐々に悪くなっていた。介助中に目を離したことで、アンバランスになった状況を察知できず、転落を未然に防ぐことができなかった。</td></tr>
<tr><td>再発防止今後の対策</td><td>排泄介助の際には、必ず側で見守りを徹底する。場所を離れる際には他の職員へ協力を要請する。座位を保てる利用者なのか、チーム内で再アセスメントを実施する。ポータブルトイレの見直しを行い、手すり・滑り止めテープを便座と手すりに取り付ける。</td></tr>
</table>

▼事故報告書（2）

事故報告書

令和○年○月○日

事業所名	○○苑デイサービスセンター
報告者	介護リーダー　○○○○
利用者	B様（81歳）男性　要介護3　筋力低下　アルツハイマー型認知症
発生日時	令和○年○月○日　午前9時40分
発生場所	デイサービスの居室
事故の状況	○月○日 午前9時40分、B様が居間で他利用者と談笑していたところ、座位姿勢のまま脱力となり、椅子の背もたれに寄りかかるようにして意識不明となっていた。容態を観察し最寄りの□□総合病院へ救急搬送となる。その後、脳梗塞と診断され集中治療室にて意識回復するも治療のため入院となる。
事故時の対応	午前9時に当デイサービスへ来所され、❶バイタル計測など体調の観察を行った。その後、急変時までの25分程度の時間を他利用者と談笑しながら過ごしているのを介護職が確認している。B様は両手で新聞を広げ、読みながら周囲の利用者の受け答えに応じていたが、スタッフが他利用者と応答していないなど異変に気づいた時には、新聞が膝の上に落ち、両手は肘掛け外にダラリと脱力し、頭部は前方にうなだれていた。9時30分頃に談笑している様子を確認しているが、その後発見時間までの状況は不明であった。❷利用者を仰臥位にし、気道確保。声かけにも呼名反応なし。チアノーゼを確認したため、アンビューバッグにて蘇生を開始する。相談員が救急車を手配し、至急家族への連絡を行う。救急隊到着後、看護師1名同乗し救急搬送となる。
事故後の対応	B様は救急搬送後、入院となり、デイサービスを当面の間は休止となる。その間も生活相談員が担当の介護支援専門員と連絡を取り、状況把握を行った。
推測される原因	様態の急変・異変に敏感に気づき、対応できなかった。介護職が全員、目先の業務にとらわれ過ぎており、ホールにいる利用者体の観察が疎かになっていた。
再発防止今後の対策	周囲にも目配りを忘れず、時々職員間でも声をかけ合って、複数の眼で観察を行っていくように業務改善を心がける。

▼事故報告書（3）

事故報告書	
	令和○年○月○日
事業所名	特別養護老人ホーム○○苑
報告者	介護福祉士　○○○○
利用者	C様（76歳）男性　要介護3　筋力低下　パーキンソン病
発生日時	令和○年○月○日　午前10時30分
発生場所	当苑の浴室
事故の状況	○月○日 午前10時30分、❶機械浴（介護浴槽）による入浴をしていたところ、介護職が他利用者に気を取られている間に、浴槽内で利用者の安全ベルトが外れ、上体が浮き上がり、顔が水中に浸かっていた。すぐに利用者を支えたため、大事には至らなかったが、C様が体調不良を訴えたため、病院受診を行う。受診の結果、特に異変は認められなかったが、経過観察を要するとのことだった。
事故時の対応	2名体制で機械浴にて入浴介助を行っている際に、上体が浮き上がり溺れている利用者に介護職が気づき、急いで支えて水中から上に上げた。もう1人の介護職と2名で両側から体幹を抱え、浴槽の外へ出して床に長座位で座らせる。意識はしっかりしているが、肩で小刻みに荒い呼吸をしている。体調を確認し、脱衣場まで職員が支えて移動する。少量の水を三度ほど嘔吐する。徐々に呼吸が落ち着くも、体調不良を訴えているため、息子に連絡し、主治医を受診した。
事故後の対応	主治医の受診時に息子も駆けつけ、医師からの受診結果を受ける。受診後も本人が体調不良を訴え食欲がないとの訴えある。バイタル計測し正常値を確認した。家族へ謝罪と事故経緯の説明を行うが理解を得られず、引き続きの謝罪となる。提携の○○損保の担当者と連絡を取りながら、事故対応を行う。
推測される原因	❷介護浴槽の安全ベルトの点検が、馴れ合いになってしまい流れ作業化し、曖昧に行うことが習慣となっていた。入浴介助で使用する福祉用具の劣化防止の安全点検も疎かになっていた。
再発防止今後の対策	入浴介助の際には、安全ベルトがしっかりと固定されてることを何度も手で動かすなどして入念に確認し、複数の職員でダブルチェックする。

介護用語集

介護用語集

アルファベット

▶ **ADL**
日常生活動作（な行参照）

▶ **BPSD**
認知症によって引き起こされる妄想や幻覚・徘徊・不潔行為などの周辺症状のこと。［Behavioral and Psychological Symptoms of Dementia］

▶ **CT**
コンピュータ断層撮影［Computed Tomography］

▶ **IADL**
手段的日常生活動作（さ行参照）

▶ **MRSA**
メチシリン耐性黄色ブドウ球菌。化膿性炎や膜炎（食中毒を含む）など創傷感染、呼吸器感染、消化器感染の原因菌となる。

▶ **OT**
作業療法士［Occupational Therapist］

▶ **PT**
理学療法士［Physical Therapist］

▶ **QOL**
生活・生命の質のこと。［Quality Of Life］

あ行

▶ **罨法**（あんぽう）
患部を冷やすか温めて、炎症や痛みをやわらげる方法。

▶ **移乗**（いじょう）
介助が必要な人を、ベッドや椅子、車いすなどのそれぞれの間で介護者が移動させること。

▶ **異食**（いしょく）
食べ物ではないものを食べてしまう行為。

238

▶ **胃瘻**（いろう）

鼻腔栄養法と並ぶ経管栄養法の一つ。加齢や障害によって口から食べられない人の胃に穴をあけ、直接栄養を送り込むこと。

▶ **腋窩検温法**（えきかけんおんほう）

腋窩（脇の下）に体温計を挟んで、体温を計測する方法のこと。

▶ **壊死**（えし）

体の組織の一部が死ぬこと。血行不良や火傷、凍傷などが原因。

▶ **エビデンス**

科学的な根拠や事実に裏づけられた証拠を示す英語。

▶ **円背**（えんぱい）

脊椎の変形で、背中が丸く曲がった状態をいう。

▶ **悪寒**（おかん）

発熱時などのゾクゾクとする寒気のこと。

▶ **悪心**（おしん）

胸のむかつきや吐き気のこと。

か行

▶ **下顎呼吸**（かがくこきゅう）

下顎を動かして空気を吸い込む呼吸法。重症患者が行う場合、死の兆候と見られている。

▶ **喀痰**（かくたん）

気道内の分泌物のこと。咳などにより吐き出された痰のこと。

▶ **片麻痺**（かたまひ）

身体の左右どちらかの半身麻痺。脳卒中の後遺症で、損傷した脳の反対側の上下肢が麻痺した状態が多い。「へんまひ」ともいう。

▶ **緩下剤**（かんげざい）

効き目が穏やかな下剤のこと。夜飲んで、翌朝の朝食後に便通があるくらいの効き方が望ましい。

▶ **患側**（かんそく）

脳卒中後の後遺症で片麻痺がある人の、麻痺のある側のこと。

▶ **感染症**（かんせんしょう）

微生物が体内に侵入して増殖し、組織が悪影響を受けたり生理機能が障害されたりする疾患のこと。

▶ **緩和ケア**（かんわけあ）

末期ガンなどで終末期を迎えた患者に対し、痛みを和らげながら QOL を維持していく看取りの医学や介護。ターミナルケアやホスピスケアと同義語。

▶ **キーパーソン**

医療や介護の現場で、本人に代わって意思決定力をもつ身近な関係者。通常は配偶者や子ども、保護者がキーパーソンとなる。

▶ **起居動作**（ききょどうさ）

日常行われる、立ったり座ったりする動作のこと。

▶ **義歯**（ぎし）

入れ歯のこと。歯の欠損部分を補う目的で使用する。総義歯と部分義歯がある。

▶ **ギャッチアップ**

ベッドの上半身にあたる部分を起こすこと。電動式と手動式がある。

▶ **挙上**（きょじょう）

手足を上げること。

▶ **禁忌**（きんき）

病気や障害によっては、これをしてはいけないと明確になっている禁止事項がある。

▶ **ケアカンファレンス**

特定の利用者のケアに関する会議。ケアプランの作成のため、本人とその家族、専門職を招集して利用者の現状の把握と、課題についての意見をもとに介護方針を明確化し、サービス内容を決定していく重要な会議。サービス担当者会議なども含まれる。

▶ **健側**（けんそく）

片麻痺がある人の、麻痺のない側のこと。

▶ **誤飲**（ごいん）

食べるものや飲むものでないものを誤って飲み込むこと。

▶ **拘縮**（こうしゅく）

関節の皮膚や筋肉などが固くなり、可動域が制限された状態。伸展拘縮（曲げる動作ができなくなる）と屈曲拘縮（伸ばす動作ができなくなる）がある。

▶ **誤嚥**（ごえん）

飲食物や唾液が気管に入ってしまうこと。むせることで排出されるが、高齢者は機能低下によって誤嚥性肺炎や窒息が起こりやすい。

さ行

▶ **座位**（ざい）

上体を起こして座った姿勢のこと。移乗動作の始点となる姿勢。座り方によって半座位、長座位、椅座位、端座位に分けられる。

▶ **残存機能**（ざんぞんきのう）

老化や障害のために失われた機能がある中で、その人に残された機能。介護では、残存機能を引き出すことが大切。

▶ **自助具**（じじょぐ）

片麻痺など体に障害がある人の日常生活を補助する福祉用具。

▶ **失禁**（しっきん）

無意識または意思に反し尿や便が出てしまうこと。

▶ **失行**（しっこう）

認知や運動機能に障害がないにもかかわらず、目的とする動作が行えなくなること。

▶ **手段的日常生活動作**（しゅだんてきにちじょうせいかつどうさ）

買い物、掃除、洗濯、料理、電話をかける、公共交通機関の利用、お金の管理など、地域で生活するために必要な活動。IADL ともいう。

▶ **褥瘡**（じょくそう）

床ずれのこと。寝返りが打てないなどの理由で体の同じ部位が圧迫され続けると、皮膚が壊死を起こして穴が開いたような状態になる。体の突出している部位に発生することが多い。

▶ 自立支援 (じりつしえん)

自己決定や残された能力を尊重し、自らの意思によって質の高い生活が送れるようにサポートすること。福祉全般の基本理念。

▶ 振戦 (しんせん)

体の一部が無意識のうちに震えること。パーキンソン病、アルコール依存症、脳の疾患などで起こる。

▶ ストーマ

消化管や尿路の疾患などにより、腹部に便または尿を排泄するために造設された排泄口のこと。

▶ 清拭 (せいしき)

入浴できない要介護者の体を温かいタオルで拭くこと。体を清潔にするほか、床ずれ予防や身体の異常のチェックにもなる。

▶ 全介助 (ぜんかいじょ)

生活に関するすべての行為に介助が必要な状態。

▶ 喘鳴 (ぜんめい)

喘息の発作などでヒューヒューと音が鳴る細い呼吸しかできない状態。

▶ 側臥位 (そくがい)

左右どちらかを下にして横向きに寝ている状態。

▶ 咀嚼 (そしゃく)

食べ物をかむ行為のこと。歯でかみ砕くことにより食べ物を細かくし、唾液と混ぜ合わせることができる。ある程度柔らかくなると、食べ物のかたまり（食塊）が形成される。

た行

▶ 体位変換 (たいいへんかん)

自力で寝返りなどができない人の体位を、介護者が定期的に換えること。褥瘡、血行障害、内臓の機能低下、下肢の変形などを予防する。

▶ 脱健着患 (だつけんちゃくかん)

身体に麻痺のある場合に、衣服の着脱を安全に行うための原則。脱衣は健側から、着衣は患側から行う。

▶ タッピング

指先の腹のところを使ってトントンと軽く叩き、マッサージすること。叩くことにより振動を与え、気管や気管支などの壁に付着している痰をはがれやすくする。

▶ 長座位（ちょうざい）

両下肢（足）を延ばした状態で座る姿勢のこと。

▶ 摘便（てきべん）

肛門に指を入れて便を直接かき出す行為のこと。浣腸や坐薬などを使用しても便が出ない時に行う。

▶ 疼痛（とうつう）

痛みを意味する医学用語。痛みの期間が短い急性疼痛と 3 か月以上も続く慢性疼痛に分類される。

▶ トランスファー

移動、移送、移転、転送などをいう。自力か介助によって、車いすから椅子、車いすからトイレ便座などへの移乗動作。

▶ 頓服（とんぷく）

発熱や頭痛、喘息などの症状が出た時やひどい時に、必要に応じて使用する薬のこと。

な行

▶ ニーズ

利用者や家族が真に必要としているもの。ケアマネジャーが、要介護者を自立した生活に導くために分析すべき現状と問題点。

▶ 日常生活動作（にちじょうせいかつどうさ）

食事、排泄、入浴、着替え、移動など生活を営む上での基本的な動作のこと。ADL ともいう。

▶ 日内変動（にちないへんどう）

体温、心拍数、血圧など、1 日のうちに変化する体のリズム。

▶ **認知症**（にんちしょう）

さまざまな原因で脳に障害が起こり、運動の障害や記憶の障害となり生活するうえで支障が出ている状態。

▶ **ネグレクト**

心身への虐待や、親および子どもへの虐待行為の一つ。養護すべき者が人間として生きるために必要な保護を怠ること。

▶ **熱中症**（ねっちゅうしょう）

高温の環境下で電解質が喪失し、体内のバランスが崩れた状態。主な症状は、立ちくらみ、疲労感、頭痛、悪心、嘔吐などがあり、死に至ることがあるため予防が重要である。

▶ **脳卒中**（のうそっちゅう）

脳血管障害ともいう。脳梗塞（脳血栓、脳塞栓）、頭蓋内出血（脳出血、クモ膜下出血）、脳梗塞を伴わない一過性脳虚血発作、高血圧性脳症に分類される。その中でも脳梗塞、脳出血、クモ膜下出血が多い。

▶ **ノーマライゼーション**

1960年代に北欧諸国から始まった社会福祉をめぐる社会理念のひとつ。デンマークのバンク・ミケルセンによって提唱された考え方。人は障害の有無に関わらず、差別や区別されることなく社会の一員として同じ権利を有することが正常な社会のあり方であるという考え方。

は行

▶ **バイタルサイン**

人の生きている状態を表す生命兆候のこと。一般的には、脈拍、呼吸、血圧、体温をさす。

▶ **廃用症候群**（はいようしょうこうぐん）

過度の安静が長く続き、体や頭を使わないでいたことで、さまざまな機能低下を招くこと。寝たきりや認知症の原因になる。

▶ **跛行**（はこう）

足を引きずるようにして歩くこと。原因となる病気によって跛行の状態も異なる。

▶ **半座位**（はんざい）

ファーラー位ともいう。仰向けに寝た姿勢（背臥位）から上体を約45度起こした姿勢のこと。

▶ **びらん**

皮膚の上皮が破壊され、下の組織が露出した状態。

▶ **不穏**（ふおん）

周囲への警戒心が強く、大きな声で叫んだりする状態。

▶ **浮腫**（ふしゅ）

顔や手足などに体内の水分が多量に溜まり、痛みを伴わない形で腫れること。むくみともいう。

▶ **不随意運動**（ふずいいうんどう）

自分の意思とは関係なく現れる異常運動のこと。パーキンソン病特有の振戦、ジストニア（姿勢異常や全身あるいは身体の一部が硬直・痙攣する症状）、チックなどがある。

▶ **不定愁訴**（ふていしゅうそ）

倦怠感、頭痛、腹痛などさまざまな身体的な症状を訴えること。症状がめまぐるしく変わり一定しないのが特徴で、検査をしても原因となる身体的異常がみつからない。

▶ **部分浴**（ぶぶんよく）

手や足など、一部分だけを湯につけて洗うこと。

▶ **発作**（ほっさ）

病気の症状の変化や急に起こることをいう。心筋梗塞や喘息、てんかんなどがある。

▶ **発疹**（ほっしん）

皮膚の表面に現れる湿疹のこと。目でみて手で触れることができる病変をいい、紅斑、紫斑、色素斑、水疱などがある。

▶ **発赤**（ほっせき）

皮膚の表面の一部が赤色になる状態。毛細血管が炎症によって拡張、充血して起こる。

や行・ら行

▶ **予後**（よご）

病気や手術の経過や末期ガンの今後の見通し。

▶ **ラポール**

利用者と援助者との間に築かれる信頼関係のこと。

▶ **離床**（りしょう）

病気や事故などで寝たきりだった人が、寝床から離れて少しずつ生活範囲を広げていくこと。

▶ **流涎**（りゅうぜん）

よだれが流れ出す状態のこと。高齢者では薬の服用や摂食、嚥下機能の低下などによって起こる場合がある。

▶ **良肢位**（りょうしい）

加齢や疾病などにより、関節が動かなくなったとしても、日常生活において体に負担が少なく安楽で日常生活動作への支障が最小限となる姿勢のこと。

▶ **リロケーションダメージ**

病院や施設への入所や退院といった環境の変化が、高齢者の心理的な不安や混乱につながり、病状や状態を悪化させることをいう。

▶ **弄便**（ろうべん）

認知症高齢者などにみられる行動障害の一つで、排泄物をいじったり塗りつけたりする行為のこと。

●著者紹介

梅沢 佳裕 (うめざわ よしひろ)

生活と福祉マインド研究室 主宰

介護福祉士養成校の助教員を経て、特別養護老人ホーム、在宅介護支援センター相談員を歴任する。その後デイサービスやグループホームの立ち上げに関わり、自らも管理者となる。2008年に「福祉と介護研究所」を設立し独立。介護職・生活相談員・ケアマネジャーなど実務者へのスキルアップ研修を行う。2018年〜2019年：日本福祉大学 助教。2019年〜2022年：健康科学大学 准教授。2019年〜現在：日本福祉大学 非常勤講師。2023年〜：明星大学 非常勤講師。2023年、新たに「生活と福祉マインド研究室」を起業、研究活動や研修講師に勤しむ。現在は、お茶の水ケアサービス学院 主任研究員。

【資格】社会福祉士、介護支援専門員、福祉住環境コーディネーター、アンガーマネジメント・ファシリテーター

【論文】「養介護施設従事者における虐待加害者の怒り・苛立ち感情と虐待行為に及ぶ引き金に関する研究」(2021)、「生活相談員における煩雑化する多様な業務を自らの役割として意味づけていくプロセス」(2022)、「特別養護老人ホームの介護職が苛立ち感情の生起を抑制するためのプロセス」(2023)

【著書】『特養・デイサービスの生活相談員 仕事ハンドブック』(中央法規出版)、『施設職員のための介護記録の書き方』(雲母書房)、『生活相談員〜その役割と仕事力』(雲母書房)、『生活リハビリ式記録のススメ』(筒井書房)、『よくわかる通所介護計画のつくりかた』(雲母書房)

【雑誌】季刊誌『支援・生活相談員』(日総研出版)、月刊誌『おはよう21』(中央法規出版)、『倫理的側面から見直す 不適切記録・記載表現』(日総研出版) など多数

●参考文献

『そのまま使える！介護記録の書き方＆文例集』西東社、梅沢佳裕 監修
『早引き 介護記録の書き方＆文例ハンドブック』ナツメ社、下地清文 監修
『早わかり介護なんでも解決事典』主婦の友社、梅沢佳裕 監修
『介護職従事者必携！介護の現場で役立つ医療的ケアハンドブック』ユーキャン、和田忠志 監修

■ カバーデザイン………… 古屋 真樹（志岐デザイン事務所）
■ カバーイラスト………… 加藤 陽子
■ 本文イラスト・図版…… 加賀谷 育子

介護職スキルアップブック
手早く書けてしっかり伝わる！
介護記録の書き方&場面別文例集

発行日	2023年　3月10日	第1版第1刷
	2024年　4月17日	第1版第2刷

著　者	梅沢　佳裕

発行者	斉藤　和邦
発行所	株式会社　秀和システム
	〒135-0016
	東京都江東区東陽2-4-2　新宮ビル2F
	Tel 03-6264-3105（販売）Fax 03-6264-3094
印刷所	三松堂印刷株式会社　　　　　Printed in Japan

ISBN978-4-7980-6875-6 C3036